Азамат Холиқов
Педагогика фанларибўйича фалсафа доктори

1-синф "Предмет тасаввурини шакллантириш ва кўрув идрокини ривожлантириш"

Ўқитувчилар учун ўқув услубий қўлланма

1st class - Formation of subject imagination and development of visual perception

Azamat Khalikov

© Azamat Khalikov

1st class - Formation of subject imagination and development of visual perception

By: Azamat Khalikov

Edition: October '2024

Publisher:
Taemeer Publications LLC (Michigan, USA / Hyderabad, India)

© Azamat Khalikov

Book	:	1st class - Formation of subject imagination and development of visual perception
Author	:	Azamat Khalikov
Publisher	:	Taemeer Publications
Year	:	'2024
Pages	:	142
Title Design	:	*Taemeer Web Design*

Педагогика фанлари бўйича фалсафа доктори Азамат Холиқов

1-синф "Предмет тасаввурини шакллантириш ва кўрув идрокини ривожлантириш" Ўқитувчилар учун ўқув услубий қўлланма.

Масъул муҳаррир:

Л.Р.Мўминова

Педагогика фанлари доктори, профессор

Тақризчилар:

С.Ф.Турғунбоев

Педагогика фанлари бўйича фалсафа доктори, (PhD)

Ш.Д.Шокирова

Педагогика фанлари бўйича фалсафа доктори, (PhD)

Г.М.Салихова

Педагогика фанлари бўйича фалсафа доктори, (PhD)

Ўқув-услубий қўлланма Тошкент Давлат Педагогика университети илмий техникавий кенгашининг 2023 йил 17-февралдаги 2.1-сонли баённома қарорига асосан нашрга тавсия этилган.

А.Холиқов, 2023

Сўз боши

"Миллий тикланишдан – миллий юксалиш сари" деган дастурий ғоя асосида, ёшларни она юртга садоқат руҳида тарбиялаш, уларда ташаббускорлик, фидойилик, ахлоқий фазилатларни шакллантириш – ўта шарафли вазифадир."

Ш.Мирзиёев

Истиқлол йилларига келиб таълимга бўлган эътибор тубдан ўзгарди. Ўсиб келаётган ёш авлодни ҳар томонлама соғлом ва баркамол бўлиши учун мамлакатимизда устувор вазифалар амалга оширилиб бормоқда. Жумладан, "Таълим тўғрисида" ги қонун ва "Кадрлар тайёрлаш" миллий дастури қабул қилиниши маориф соҳасини такомиллашишига ёрдам берди. 2017-2021 йилларда Ўзбекистонни янада ривожлантириш ҳаракатлар стратегиясининг қабул қилиниши сўнги йилларга келиб, илм маърифатни замонавий асосларда йўлга қўйиш масаласи кенг муҳокама этиб борилмоқда. 2020 йил "Илм-маърифат ва рақамли иқтисодиётни ривожлантириш" йили деб номланиши илм-маърифатга маънавиятга эътиборни қаратишимизга туртки бўлади. Мазкур ўқув-услубий қўлланма жисмоний-руҳий имконияти чекланган кўришида нуқсони бўлган болаларни қулай таълим олишига қаратилган чора-тадбирлар давоми десак, муболаға бўлмайди. Кўришида нуқсони бўлган болаларда атроф оламни англаш, ҳис қилиш ва улардаги сезги, идрок ҳамда хотирасини мустаҳкам бўлишига мазкур ўқув-услубий қўлланма ёрдам беради. Ўзбекистон Республикаси мактабгача ва мактаб таълими Вазирлиги тасаруфидаги "Нурли маскан" ихтисослаштирилган таълим муассасаларининг 1-синф ўқувчилари учун мўлжалланган "Предмет тасаввурини шакллантириш ва кўрув идрокини ривожлантириш" ўқув машғулотини амалга оширишда ўқитувчилар учун ўқув услубий қўлланма.

Ўқитувчига тавсиялар:

1. Кўришида нуқсони бўлган болалар ҳаётига назар:

Мамлакатда олиб борилаётган ислоҳотларнинг замирида инсон манфаатлари ҳимоя қилиш масаласи сўнгги йилларга келиб устувор бўлиб бормоқда. Бизнинг давлатимиз ҳам ривожланган давлатлар қаторида бўлиши учун авваламбор таълим тизимини халқаро стандартларга асосан мослаштиришимиз, энг илғор ўқитиш технологияларини амалиётга тадбиқ этишимиз керак бўлади. Бу борада, ногирон болалар таълимини интеграциялашувини амалга ошириш муҳим деб ўйлаймиз, бунинг учун Европа, АҚШ ва шунга ўхшаган давлатлар ўртасида ногиронлар таълимига оид халқаро конференциялар, масофали ўқитиш ва ўзаро тажриба алмашувини йўлга қўйишни тақозо этади. Шунда жисмоний руҳий имконияти чекланган болалар таълими ривожланиш босқичларига чиқиши мумкин.

Ер юзида турли хил нуқсонлар билан касалланган болаларни учратишимиз мумкин. Бу ҳодиса соғлом одамларни жисмоний имконияти чекланган шахсларга эътибор беришини қаратади. Кўришида нуқсони бўлган болалар таълими ниҳоятда мураккаб жараён бўлиб, ушбу таълим ўзига хос вазифаларни бажаришни тақозо этади. Ўтказилган сўнгги тадқиқотлар шуни кўрсатадики, ногиронлиги бўлган болаларнинг таълимга қамраб олиниши жаҳоннинг кўпгина қитъаларида орқада қолаётганлигини кўришимиз мумкин. Жумладан, Осиё ва Африка давлатларида бу ҳолат ачинарли аҳволга келиб қолган. Европа таълим тизимида кўришида нуқсони бўлган болаларни таълимга қамраб олиш масаласи жиддий вазифа сифатида қабул қилинган, яъни бу тоифа болалар билан мунтазам шуғулланиш, уларни таълимга қамраб олиш, махсус боғчаларга жойлаштириш тизими яхши йўлга қўйилган. Айтайлик биргина мисол, кўзи ожиз бўлиб туғилган бола токи мактаб ёшига қадар ҳеч қаерда таълим олмаслигини сиз ва биз буни биламиз. Европа таълим тизимида ногирон бола махсус боғчага жалб этилиб, боғчада етакчи дефектолог, психолог ёрдамида ижтимоий ҳаётга реаблитация қилиш масаласи босқичма-босқич амалга оширилади.

Шундай экан, бизнинг давлатимизда ҳам мураккаб нуқсонли болалар учун махсус боғчаларни ташкил этиш ёки умумий боғчалар қошида махсус гуруҳларни жорий этишни тақозо этади.

2. Кўришида нуқсони бўлган болаларда сезги идрок тасаввур жараёнларини шакллантириш омиллари.

Кўришида нуқсони бўлган ўқувчиларда сезги, идрок, тасаввур шаклланиши ниҳоятда мураккаб кечади. Шу ўринда сезги тушунчасига изоҳ беришимиз лозим. Атрофдаги нарса ва ҳодисаларни инсон эшитиш, кўриш, ҳид билиш, таъм билиш ва тери сезгилари ёрдамида ҳис қилади. Жумладан, кўришида нуқсони бўлган болаларда яъни кўзни вазифасини бошқа бир аъзолар ёрдамида компенсация қилиш жараёни юзага чиқади. Кўзи ожиз бола атрофдаги нарса ҳодисаларни асосан қўл сезгилари ёрдамида илғайди. Унинг бу сезгилари идрокига предмет ҳақида идрок этишга ёрдам беради.

Идрок – нарса ва ҳодисаларни сезги ёрдамида идрок этиш;

Тасаввур – сезги идрокдан кейинги босқичда юзага келувчи жараён саналади. Тасаввур предметни яхлит, бутун ҳолатида тушунишга ёрдам беради. Масалан: мутлақо кўрмайдиган бола ҳар куни фойдаланаётган қошиқни ўз қўллари билан ушлаб идрок этиб тасаввур қилиб хотирасида сақлайди. Кейинги галда қошиқни ушлаганда қошиқ эканлигини қўл сезги ёрдамида ҳис қилади.

Коррекцион фанларни ўқитишда болаларни сезги, идрок, тасаввур ва хотирасини ошишига ёрдам берувчи турли хилдаги психологик машқларни мунтазам равишда уюштириш мақсадга мувофиқ деб ўйлаймиз. Предмет тасаввурини шакллантириш ва кўрув идрокини ривожлантириш ўқув машғулотларини амалга оширишда педагог мавзуга оид тифлотехника воситалардан кенгроқ фойдаланиши зарур бўлади. Негаки, бу тифлотехника воситалар кўзи ожиз боланинг предмет ҳақидаги тасаввурларни шаклланишига ёрдам беради.

Шундай экан, ушбу машғулотларни амалга оширишда педагог

тифлотехник воситаларни қўллашни ундан фойдаланишни биринчи мақсади сифатида қараши керак.

3. Кўришида нуқсони бўлган болаларда предметни яхлит тасаввур этишнинг педагогик таъсири.

Атрофдаги нарса ва ҳодисалар инсон онги ва тафаккурида шаклланишида кўриш қобилияти муҳим роль ўйнайди. Ўтказилган тадқиқотларга қараганда, инсон атрофдаги маълумотларни қарийиб 80%ни кўз орқали олишини олимлар исботлаганлар. Бу борада мутлақо кўрмайдиган ва заиф кўрадиган болалар атрофдаги нарса ва ҳодисаларни ҳис қилишда уларнинг кўрув идрокини ошишида сезги тасаввурларни ишга солишимиз лозим бўлади. Масалан: мутлақо кўрмайдиган бола самолёт, поезд ва автомашина ва шунга ўхшаш предметларни тасаввур этиши қийин. Мисол учун 4 ёшли кўзи ожиз боладан самолёт, автомашина, поезд ҳақида сўралганда деярли ҳеч нарсани билмаслигини кўришимиз мумкин. Бу жараёнда ўйинчоқ, яъни, самолёт, автомашина, поездларнинг кичрайтирилган шаклидан фойдаланиш ўринли деб ўйлаймиз. Шунда бола қўл сезгилари ёрдамида самолётни, поездни, автомашинани ота-онасининг тушунтиришлари билан англаши, фахмлаши мумкин.

Предмет ҳақида сўз юритилаётганда албатта педагог ўша предметнинг кичрайтирилган шаклини дарс жараёнига олиб кириши лозим. Негаки, шунчаки айтилган гап ўқувчи тасаввурини предмет ҳақидаги таасуротларини ҳеч қачон бойитмайди.

4. Кўришида нуқсони бўлган болаларнинг руҳий-ҳиссий олами.

Кўришида нуқсони бўлган болалар психологияси соғлом болага қараганда анча мураккаб жараённи қамраб олади. Бу тоифа болаларда тортинчоқлик ўз фикрини айтишга нисбатан ийманиш ва бошқалар билан мулоқот қилишда қўрқувнинг мавжудлиги психологик руҳиятнинг асосий бузилган функциялари ҳисобланади. Илк мактабга қабул қилинган кўзи ожиз бола учун мактаб муҳитига мослашиш болалар билан муносабатга киришиш ва ўз хис-туйғуларини баён этишда қийинчиликларга дуч келади. Шундай экан, мураккаб нуқсонли болалар ёки кўзи ожиз болалар руҳиятини унинг ички оламини ўрганишда педагогнинг вазифаси муҳим саналади. Илк мактабга қабул қилинган болалар ҳақида тўлиқ маълумотни олиш улар билан турли хил психологик суҳбатларни уюштириш ва ақлий ривожланиш даражасини баҳолаш лозим бўлади. Бу жараёнда мактаб психологи ва педагогларининг ҳар бир ўқувчи ҳақидаги анкета сўровномаларини мавжудлиги психологик таҳлил натижалари бўлишлиги шарт саналади. Илк мактабга қабул қилинган болалар психологиясини тўғри шаклланишига таълим муассасалари педагогларининг масъулияти юқори ўрин тутади. Жумладан, оиладан ташқарига чиқмаган ногирон бола психологияси тортинчоқлик ҳолати устувор бўлиб ундаги муомала маданиятининг шаклланмаганлиги соғлом тенгқурлари билан мулоқотга киришмаганлиги ўзининг салбий оқибатларини келтириб чиқаради.

Шундай экан, педагоглар кўзи ожиз болани психологиясини унинг руҳий жараёнларини тўлиқ таҳлил қилган ҳолда ижтимоий ҳаётга реаблиятация қилиш вазифаларини босқичма-босқич бажаришлари керак бўлади.

1-дарс: Давлат рамзлари. Байроқ. Герб.

Дарснинг мақсади:

А) таълимий: кўришида нуқсони бўлган ўқувчиларга давлат рамзлари ҳақида тушунча бериш, давлат рамзларини келиб чиқиш тарихи ҳақида баён этиш ва давлат рамзларидан фойдаланиш ҳақида маълумот бериш;

Б) тарбиявий: кўришида нуқсони бўлган ўқувчиларни миллий истиқлол руҳида тарбиялаш, уларда инсонпарварлик ватанпарларлик ва давлат рамзларига бўлган хурматини шакллантириш ҳамда уларни ақлий меҳнатга ўргатиш;

Д) ривожлантирувчи: кўришида нуқсони бўлган ўқувчиларда давлат рамзлари ҳақида тушунчаларни уйғотиш, давлат рамзлари бўйича сезги идрокини юксалтириш ва улардаги ўқув фаоллигини ошириш;

Коррекцион мақсади:

Кўришида нуқсони бўлган ўқувчиларни кўриш қобилиятини сақлаган ҳолда улардаги сезги идрокини, хотира тасаввурини ва ўқув машғулотида тўғри ўтириш кўникмаларини шакллантиришдан иборат.

Компетенция: кўришида нуқсони бўлган ўқувчиларда мавзу бўйича қуйидаги билим, кўникма ва малакалари шаклланиши лозим;

а) давлат рамзлари ҳақида энг муҳим тушунчаларни эгаллаш;

б) давлат рамзлари ҳақида эркин гапира олиш;

д) тифлотехник воситалар орқали давлат рамзлари ҳақида сезги идрокини ривожлантириш;

Дарснинг тури: янги билим берувчи

Дарснинг услуби: суҳбат

Дарснинг жиҳози: давлат рамзлари кичрайтирилган брайл ёзувидаги тасвирлари, давлат мадҳияси ва мавзуга оид қўшимча ўқув материаллар ва тифлотехника воситалари.

Дарснинг бориши:

I. Ташкилий қисм:

- Саломлашиш, давоматни аниқлаш;
- Ўқувчилар билан биргаликда давлат мадҳиясини ижро этиш.
- Мустақиллик байрами ҳақида суҳбатлашиш.

II. Янги мавзу баёни:

Davlat ramzlari. Bayroq. Gerb.

Азиз болажонлар! Бугун сизлар билан илк мавзуни бошлаймиз. Айни пайт юртимизда истиқлол шодиёналари кезмоқда. Бугун сизларга давлат рамзлари ҳақида сўзлаб бераман.

Давлат рамзлари нима? – бу давлатни асосий белгиларини ва хусусиятларини номини мақсадини ўзида мужассамлаштирган тасвирлардир. Давлат рамзлари байроқ, герб, мадҳия шаклида намоён бўлади. Давлат рамзларидан турли хил мусобақаларда, давлатлар ўртасидаги халқаро учрашувларда ва давлат ичкарисида уюштириладиган турли хил маънавий маърифий тадбирларда кенгроқ фойдаланилади. Масалан: ўзбек спортчилари халқаро спорт мусобақаларида ғолиб бўлганларида давлатимиз байроғи баланд кўтарилганлиги ва мадҳияси янграганини эшитгансиз. Бундан ташқари, мамлакатимизда ўтказилаётган 1 сентябрь "Мустақиллик байрами", 8 декабрь "Конституция куни" арафасида ҳам давлат рамзларидан кенгроқ фойдаланиб келяпмиз.

Давлатимиз рамзлари ҳақида.

Азиз болажонлар! Давлатимиз 1991 йил 31 августда мустақил давлат деб эълон қилингандан сўнг, ўзининг давлат рамзларига эга бўлди. Ҳозир сизларга байроғимиз ҳақида маълумот берамиз.

Ўзбекистон Республикаси давлат байроғи 1991 йил 18 ноябрда қабул қилинган.

Байроқдаги мовий ранг тириклик, ҳаёт ифодаси бўлган мангу осмон ва обиҳаёт рамзидир. Оқ ранг тинчлик рамзи, халқимизнинг олийжаноб ва эзгу интилишлари мужассамдир. Яшил ранг эса табиатнинг янгиланиш рамзи. У қадим қадимдан навқиронлик, умид, шод-у хуррамлик тимсоли ҳисобланган.

Байроқдаги қизил чизиқлар халқимиз вужудидаги куч-ғайрат ва қудрат белгиси. У мустақиллик йўлидаги курашларни ҳам англатади. Ярим ой тасвири халқимизнинг содиқлиги билан боғлиқ бўлиб, у янги ҳаёт, яъни мустақилликни ифода этади. Байроқдаги ўн икки юлдуз фалакдаги ўн икки буржни билдиради.

Байроқнинг асосий қисми матодан тайёрланиб, унинг узунлиги 1.25 см, эни 0,75 см бўлиб, байроқнинг ушлайдиган қисми ёғоч ёки шунга ўхшаш бошқа материаллардан тайёрланади.

Ўзбекистон Республикаси Давлат герби 1992 йил 2 июлда қабул қилинган.

Гербнинг чап томонида буғдой бошоқлари, ўнг томоидан эса очилиб турган ғўза шохлари байроғимиз тасвири туширилган тасма билан ўралган. Гербнинг ўртасида узоқдаги тоғлар ва дарёларга туташ водий узра қуёш заррин нурларини сочиб турибди. Гербнинг юқори қисмида шарқда мусамман деб аталадигансаккиз қиррали юлдуз тасвирланган. Мусамманнинг ичида ярим ой ва юлдуз акс этган. Гербнинг олд қисмида, марказда қанотларини ёйган Ҳумо қуши турибди. Гербнинг пастки қисмида Ўзбекистон Республикаси байроғини ифода этадиган тасма ўртасига "Ўзбекистон" деб ёзиб қўйилган.

Ўзбекистон Республикаси Мадҳияси 1992 йил 10-декабрда қабул қилинган бўлиб, унинг матнини Ўзбекистон Қаҳрамони, Ўзбекистон халқ шоири Абдулла Орипов, мусиқасини эса композитор М.Бурҳонов яратган.

Давлатимиз мадҳиясида Ватанимизнинг бетакрор гўзаллиги, халқимизнинг олийжаноб фазилатлари, мустақиллигимизнинг абадийлиги, ёруғ келажагимиз, ёш авлод ватаннинг таянчи экани мадҳ этилади.[1]

O'zbekiston Respublikasining davlat madhiyasi

Serquyosh hur o'lkam, elga baxt, najot,
Sen o'zing do'stlarga yo'ldosh, mehribon!
Yashnagay to abad ilmu fan, ijod,
Shuhrating porlasin toki bor jahon!

Naqorat:
Oltin bu vodiylar - jon O'zbekiston,
Ajdodlar mardona ruhi senga yor!
Ulug'xalq qudrati jo'sh urgan zamon,
Olamni mahliyo aylagan diyor!

Bag'ri keng o'zbekning o'chmas iymoni,
Erkin, yosh avlodlar senga zo'r qanot!
Istiqlol mash'ali tinchlik posboni,
Xaqsevar, ona yurt, mangu bo'l obod!

Naqorat:
Oltin bu vodiylar - jon O'zbekiston,
Ajdodlar mardona ruhi senga yor!
Ulug'xalq qudrati jo'sh urgan zamon,
Olamni mahliyo aylagan diyor!

Хулоса қилиб айтганда давлат рамзлари она ватанимизни кудратини юксалишини билдирувчи тимсолдир. Шундай экан, ҳар биримиз давлат рамзларини эъзозлашимиз, қадрлашимиз лозим.

III. Мустаҳкамлаш:

Қуйидаги саволларга жавоб бериш;

1. Давлат рамзлари ҳақида нималарни биласиз?
2. Ўзбекистон байроғи ҳақида гапираоласизми?
3. Давлат гербини тасвирлаб беринг?
4. Давлатимиз мадҳиясини айтиб беринг?

---

[1] "Ватан туйғуси" умумий ўрта таълим мактабларининг 5 синфлари учун ўқув қўлланма.. Тошкент "Маънавият" 2015 Б-97

5. Қўл сезгилари ёрдамида байроқ ва гербни тасвирлаб беринг?

IV. Ўқувчиларни баҳолаш, рағбатлантириш ва дарсни якунлаш:
1. Бугунги дарсимиз сизга ёқдими?
2. Ушбу дарсимизда нималарни ўргандингиз?

Дарсда фаол қатнашган ўқувчилар рағбатлантирилади.

V. Уйга вазифа:

Давлат рамзлари ҳақида синф тарбиячиси ёрдамида шеър ёдлаш.

Ўзбекистон герби.

Ўзбекситон гербида қанот ёзган ҳумо қуш.

Чаноқларда оқ пахта олам элин этар хуш.

Қуёш бобо нурида олтин бошоқ товланар

Тенгсиз, саҳий она ер бир маромда айланар,

Рамзи порлоқ ҳур байроқ, бирдамликка чорлайдию

Пештоқида ой, юлдуз, кеча кундуз порлайди.

VI. Ўқитувчига методик тавсиялар:

Кўришида нуқсони бўлган болаларга байроқни тасвирлашда байроқнинг кичрайтирилган воситасидан ўқув машғулотига фойдаланишни тавсия этамиз. Бу жараёнда педагог байроқнинг мутлақо кўрмайдиган ва заиф кўрадиган болаларга қўллари ёрдамида ушлатиб уларнинг сезги, идроки ва тасаввурини уйғотиш зарур. Айтайлик, мутлақо кўрмайдиган бола байроқни нима эканлигини билмайди. Шундай экан, ўқитувчи байроқни ўқувчига қўлларига ушлатган ҳолатда байроқнинг ҳар бир қисмини содда тушунарли ва равон тилда тушунтириши керак.

Давлат гербини ҳам кичрайтирилган бўртма шаклдаги воситасидан кенгроқ фойдаланган ҳолда кўришида нуқсони бўлган ўқувчиларга давлат гербининг ҳар бир тасвирини содда тушунарли ўқувчи сезгиларига мос равишда тушунтирмоғи лозим.

Давлат мадҳиясини ижро этишда барча ўқувчиларнинг ўрнидан турган ҳолатида, ўнг қўли кўксида, қомати ва бошини тўғри тутган ҳолатда биргаликда ижро этиш кўникмаларини шакллантириш даркор.

2-дарс: Ўсимликлар дунёси

Дарснинг мақсади:

А) таълимий: кўришида нуқсони бўлган ўқувчиларга ўсимликлар дунёси ҳақида аниқ маълумотларни бериш, ўсимликлар дунёси билан таништириш ва уларнинг тасаввурларини уйғотиш;

Б) тарбиявий: кўришида нуқсони бўлган ўқувчиларга табиатни севиш, она Ватанга бўлган муҳаббатини уйғотиш ва уларда табиат билан дўстона муносабатда бўлиш фазилатларини юксалтириш;

Д) ривожлантирувчи: кўришида нуқсони бўлган ўқувчиларда табиат ва ўсимликлар ҳақида тасаввурларини уйғотиш, улардаги ўқув фаолликни ривожлантириш;

Коррекцион мақсади:

Кўришида нуқсони бўлган ўқувчиларни кўриш қобилиятини сақлаган ҳолда улардаги сезги идрокини, хотира тасаввурини ва ўқув машғулотида тўғри ўтириш кўникмаларини шакллантиришдан иборат.

Компетенция: кўришида нуқсони бўлган ўқувчиларда мавзу бўйича қуйидаги билим, кўникма ва малакалари шаклланиши лозим;

а) ўсимликлар ҳақида энг муҳим тушунчаларни эгаллаш;

б) ўсимликлар ҳақида эркин гапира олиш;

д) тифлотехник воситалар орқали ўсимликлар ҳақида сезги идрокини ривожлантириш;

Дарснинг тури: янги билим берувчи

Дарснинг услуби: суҳбат, тушунтириш, савол-жавоб

Дарснинг жиҳози: ўқув методик қўлланма, ўсимликлар дунёси ҳақидаги материаллар, ўсимликларни бўртма шаклда тасвирланган воситалари ва ўсимликлар ҳақида видео дарслар

Дарснинг бориши:

I. Ташкилий қисм:

- Саломлашиш, давоматни аниқлаш;

- Мустақиллик байрами ҳақида суҳбатлашиш.

II. Ўтилган мавзуни сўраш ва мустаҳкамлаш.

- Азиз болажонлар, биз ўтган дарсимизда қайси мавзу билан танишган эдик?

Ўтилган мавзу асосида саволлар берилади.

Ўтилган мавзуни "Нуқтаий назаринг бўлсин" услуб асосида амалга оширамиз. Бу жараёнда ўқитувчи қуйидаги саволларни берган ҳолда ўқувчиларни нуқтаи назарини билиш мумкин.

1. Давлат рамзлари деганда нимани тушунасиз?
2. Давлат рамзларига нималар киради?
3. Ўзбекситон Республикаси байроғи ҳақида нималарни биласиз?
4. Байроқни қўл сезгиларингиз ёрдамида тасвирланг?
5. Давлат герби ҳақида нималарни биласиз?
6. Давлат гербини тасвирланг?

Юқоридаги саволларга ўқувчилар ёрдамида жавоб излаш, тўлдирилмаган саволлар жавобини ўқитувчи ўзи тушунтирмоғи лозим.

Ушбу метод орқали янги мавзуни ўқувчиларга тушунтирамиз. Метод ёрдамида ўсимликлар дунёсини содда, равон, болалар тушунадиган тилда тушунтириш ва улар билан янги мавзу юзасидан савол жавоб қилишни тақозо этади.

III. Янги мавзу баёни:

Ўсимликлар дунёси.

Азиз ўқувчилар биз ўтган дарсда давлат рамзлари ҳақида сизлар билан суҳбат олиб борган эдик. Бугунги ўтадиган янги мавзумиз "Ўсимликлар дунёси" ҳақида танишамиз.

Бизни ўраб турган оламда кўплаб моддий нарсалар мавжуд. Ҳар доим нур сочиб турган куёш, тунларни ёритган ой ва бир қанча юлдузлар ҳақида эшитгансиз. Барча инсонларга тоза ҳаво улашиб турувчи, табиатнинг гўзал неъматларидан бири ўсимликлардир.

Ҳовли, дала, гулзор ва боғларда ўсадиган ўтлар, дарахтлар ва гуллар ўсимлик дейилади. Уларнинг энг муҳим хусусиятларидан бири ҳавони тозалаб туришидир. Ўсимликлар ҳаводаги карбонат ангидридни ютиб, инсон учун зарур бўлган кислородни чиқаради.

Тоғ, адир, ўрмон, яйлов ва чўлларда яъни табиат бағрида ўсадиган ўсимликлар табиий ўсимликлар деб аталади. Масалан: сиз оинажаҳонда ёки радио орқали эшитган бўлсангиз керак. Жиззах вилояти Зомин туманидаги "Зомин қўриқхонаси" ниҳоятда чиройли арчазорлар билан ўралган. Бу ҳудудда минглаб арчалар табиий ўз ўзидан ўсиб чиққан.

Одамлар томонидан экилиб, парвариш қилинадиган ўсимликлар маданий ўсимликлардир. Маданий ўсимликларга инсон қўли билан яратилган боғлар, гулзорлар ва бошқаларни айтишимиз мумкин. Айтайлик, сизни отангиз ёки онангиз уйида ўсимликларни парвариш қилишини кўргансиз. Отангизни ўз ҳовлисида боғ яратганини, онангизни эса манзарали гулларни ўстиришганларини биласиз.

Ўсимликларни фойдали жиҳати атроф-муҳитни тоза ҳаво билан таъминлаб ўзидан чиройли манзараларни пайдо қилади. Бундан ташқари, ўсимликлардан инсон учун фойдали дори дармонлар турли хил гиёҳлар тайёрлаш мумкин. Шу сабали барча инсонлар ўсимлик дунёсини яхши кўришади. Шундай экан сиз ҳам ўсимлик дунёсини яхши кўришингиз, синфингиздаги гулларга эҳтиёт бўлишингиз керак, шундагина она табиатга меҳримиз янада ошади.

Энди сизлар билан тез айтиш "Сўз ўйини"ни амалга оширамиз.

1. Гулсара гул саралаб, гул санади.
2. Ҳалимани санама, Салимани сана.
3. Ҳалим ҳил ҳил пишди.

IV. Мустаҳкамлаш:

Азиз ўқувчилар! Ўсимликлар дунёси ҳақида сизга овозли видеолавҳа тақдим этаман. Диққат билан эшитинг.

"Видеолавҳа"

Қуйидаги саволларга жавоб бериш;
1. Ўсимликлар дунёсига нималар киради?
2. Табиий ўсимликларни айтиб беринг?
3. Инсон қўли билан яратилган ўсимликлар ҳақида нималарни биласиз?
4. Ўсимликларни фойдали жиҳатларини айтиб беринг??

V. Ўқувчиларни баҳолаш, рағбатлантириш ва дарсни якунлаш:

1. Бугунги дарсимиз сизга ёқдими?
2. Ушбу дарсимизда нималарни ўргандингиз?

Дарсда фаол қатнашган ўқувчилар рағбатлантирилади.

VI. Уйга вазифа:

Гуруҳ тарбиячиси ёрдамида ўсимликлар дунёси ҳақида ўқиб мустақил гапириб бериш.

3-дарс: Манзарали дарахтлар.

Дарснинг мақсади:

А) таълимий: кўришида нуқсони бўлган ўқувчиларга манзарали дарахтлар ҳақида маълумотларни бериш, манзарали дарахтлар билан таништириш ва уларнинг тасаввурларини уйғотиш;

Б) тарбиявий: кўришида нуқсони бўлган ўқувчиларга табиатни севиш, она Ватанга бўлган муҳаббатини уйғотиш ва уларда табиат билан дўстона муносабатда бўлиш фазилатларини юксалтириш;

Д) ривожлантирувчи: кўришида нуқсони бўлган ўқувчиларда табиат ва ўсимликлар ҳақида тасаввурларини уйғотиш, улардаги ўқув фаолликни ошириш;

Коррекцион мақсади:

Кўришида нуқсони бўлган ўқувчиларни кўриш қобилиятини сақлаган ҳолда улардаги сезги идрокини, хотира тасаввурини ва ўқув машғулотида тўғри ўтириш кўникмаларини шакллантиришдан иборат.

Компетенция: кўришида нуқсони бўлган ўқувчиларда мавзу бўйича қуйидаги билим, кўникма ва малакалари шаклланиши лозим;

а) манзарали дарахтлар ҳақида энг муҳим тушунчаларни эгаллаш;

б) манзарали дарахтлар ҳақида эркин гапира олиш;

д) тифлотехник воситалар орқали ўсимликлар ҳақида сезги идрокини ривожланганлик даражасини намоён этиш;

Дарснинг тури: янги билим берувчи

Дарснинг услуби: маъруза

Дарснинг жиҳози: ўқув методик қўлланма, манзарали дарахтлар ҳақидаги материаллар, манзарали дарахтларнинг бўртма шаклда тасвирланган воситалари ва манзарали дарахтлар ҳақида видеодарслар

Дарснинг бориши:

I. Ташкилий қисм:

- Саломлашиш, давоматни аниқлаш;

- Юртимизда бўлаётган янгиликлар билан қисқа таништириш

II. Ўтилган мавзуни сўраш ва мустаҳкамлаш.

- Азиз болажонлар, биз ўтган дарсимизда қайси мавзу билан танишган эдик?

Ўтилган мавзу асосида саволлар берилади.

Ўтилган мавзуни кичик гуруҳларда ишлаш услуби ёрламида амалга оширамиз. Бу жараёнда ўқитувчи синф ўқувчиларини умумий сонига қараб 2 еки 3 гуруҳга ҳар бир гуруҳга 3 ёки 4 тадан ўқувчи қамраб олиниши лозим. Ўқувчиларнинг ўтган дарсларда қатнашган фаоллиги берган саволарга жавоблари асосда ўқитувчи ўқувчиларни ўзлаштириш даражасига қараб тақсимламоғи кичик гурухларга бўлмоғи керак. Бунда гурух сардори гурух назоратчиси каби вазифаларни гурух аъзоларига таништириш муҳим саналади. Айниқса, мутлақо кўрмайдиган ўқув ўзлаштириши паст бўлган болаларни ҳам ушбу таълимга жалб этиш зарур. Кичик гуруҳларда ишлаш методи орқали гуруҳларга қуйидаги тарқатма саволлар ўқитувчи ёрдамида берилиши мумкин.

1. Ўсимликлар дунёси ҳақида нималарни биласиз?
2. Қайси ўсимлик сизга ёқади?
3. Табиий ёки инсон қўли билан яратилган ўсимликларни айтиб беринг?
4. Сиз яшайдиган уйингизда қандай ўсимлар ўсади?

Юқоридаги саволларга ўқувчилар ёрдамида жавоб излаш, тўлдирилмаган саволлар жавобини ўқитувчи ўзи тушунтирмоғи лозим. Бундан ташқари гуруҳлар ўртасида бирор бир ўйинни уюштириш ҳам мумкин.

III. Янги мавзу баёни: Маъруза

Ушбу мавзу маъруза методи асосида уюштирилади. Ўқитувчи мавзуни ўқувчиларга тушунарли содда аниқ мисоллар асосида баён этиши лозим. Илмий сўзлардан камроқ фойдаланиш ўқувчи тилида тушунарли равон баён этиш муҳим саналади.

Манзарали дарахтлар

Азиз ўқувчилар! Сиз билан биргаликда ўсимликлар дунёси ҳақида суҳбат олиб бордик. Бугунги ўтадиган янги мавзуимиз "Манзарали дарахтлар" сизлар билан суҳбат олиб борган ҳақида гаплашамиз.

Манзарали дарахтларҳам юртимизда ниҳоятда кўп. Манзарали дарахтлар атроф муҳитни чиройли бўлишига об ҳавони тоза бўлишига катта ёрдам беради. Эътибор беринг ман биз яшаётган Ўзбекистон давлатининг кўпгина шаҳарларида манзарали дарахтларни учратамиз. Манзарали дарахтлар мева берадими? Йўқ албатта, мева бермайди. Манзарали дарахтлар завод ва фабрикалар, ташкилотлар, шифохоналар, мактаблар, боғчалар, университетлар, ҳамда катта кўча атрофларида экилади.

Манзарали дарахтларга тол, чинор, акация, шумтол, оққайин, терак, эман каби манзарали дарахтлар ўстирилади. Сув бўйларида эса мажнунтоллар ўсади.

Манзарали дарахтлар хиёбонлар ва истироҳат боғларини безаб туради. Ёзда уларнинг соя салқинида дам оламиз. Манзарали дарахтлар ҳавони кислород билан бойитишда ҳам катта аҳамиятга эга. Уларнинг барглари ҳаводаги карбонат ангидридни ютиб, ўзидан кислород чиқаради. Манзарали дарахтлар уйларни шамолдан тўсиб туради, ҳвони чанг ва машиналардан чиқаётган заҳарли газлардан тозалайди.

Ҳозир сизларга топишмоқлар айтаман

1. *Тўрт фаслда бир хил либос,*
   Кийиб яшнар, мевасиз.
   Айтсам, боғнинг кўрки дейсиз,
   Сиз ҳам уни севасиз (арча)

   Хулоса қилиб айтганимизда манзарали дарахтлар табиат учун инсон учун ниҳоятда керакли ҳисобланади. Шундай экан ҳар биримиз ҳар доим дарахтларни эъзозламоғимиз гулларни яхши парвариш қилмоғимиз зарур. Шунда она табиат биздан рози бўлади. Тўғрими болажонлар.

   Ўқитувчи томонидан мавзуга оид кўргазмали воситалар билан таништирилади. Бунда манзарали дарахтларнинг тасвири заиф кўрадиган ўқувчиларга кўрсатилади. Мутлақо кўрмайдиган ўқувчилар учун манзарали дарахтларрнинг бўртма шакли ўқувчи сезгиси ёрдамида таништирилади.

IV. Мустаҳкамлаш:

Қуйидаги саволлар орқали янги мавзуни мустаҳкамлаймиз;

1. Қани болажонлар манзарали дарахтлар ҳақида нималарни биламиз?
2. Манзарали дарахтлар қаерларда ўсади?
3. Манзарали фойдали жиҳатлари борми, қани айтиб беринг?
4. Манзарали дарахтлар атрофимиздаги заҳарли газларни ўзига ютиб биз учун кислород чиқариб берадими. Қани ким айтади?

V. Ўқувчиларни баҳолаш, рағбатлантириш ва дарсни якунлаш:

1. Бугунги дарсимиз сизга ёқдими?
2. Ушбу дарсимизда нималарни ўргандингиз?

Дарсда фаол қатнашган ўқувчилар рағбатлантирилади.

VI. Уйга вазифа:

Гуруҳ тарбиячиси ёрдамида манзарали дарахтлар ҳақида ўқиб тайёргарлик кўриб келиш.

4-дарс: Мевали дарахтлар.

Дарснинг мақсади:

А) таълимий: кўришида нуқсони бўлган ўқувчиларга мевали дарахтлар ҳақида маълумотларни бериш, мевали дарахтларнинг фойдали жиҳатларини сўзлаб бериш, ва уларда мевали дарахтлар ҳақида тасаввурларини уйғотиш;

Б) тарбиявий: кўришида нуқсони бўлган ўқувчиларга табиатни севиш, она Ватанга бўлган муҳаббатини уйғотиш ва уларда табиат билан дўстона муносабатда бўлиш ҳамда уларни ақлий меҳнатга сафарбар этиш.

Д) ривожлантирувчи: кўришида нуқсони бўлган ўқувчиларда мевали дарахтлар ҳақида сезги идроки ва тасаввурларини уйғотиш ҳамда ўқув фаоллигини юксалтириш.

Коррекцион мақсади:

Кўришида нуқсони бўлган ўқувчиларни кўриш қобилиятини сақлаган ҳолда улардаги сезги идрокини, хотира тасаввурини ва ўқув машғулотида тўғри ўтириш кўникмаларини шакллантиришдан иборат.

Компетенция: кўришида нуқсони бўлган ўқувчиларда мавзу бўйича қуйидаги билим, кўникма ва малакалари шаклланиши лозим;

а) мевали дарахтлар ҳақида билиш;

б) мевали дарахтлар ҳақида тасаввур уйғотиш;

д) мевали дарахтлар ҳақида эркин сўзлай олиш;

Дарснинг тури: янги билим берувчи

Дарснинг услуби: амалий дарс

Дарснинг жиҳози: ўқув методик қўлланма, мевали дарахтлар ҳақида маълумотлар ва ҳар хил табиий мевалар.

Дарснинг бориши:

I. Ташкилий қисм:

- Саломлашиш, давоматни аниқлаш;
- Юртимизда бўлаётган янгиликлар билан қисқа таништириш

II. Ўтилган мавзуни сўраш ва мустаҳкамлаш.

Ўтилган мавзу ва янги мавзу мактаб боғига саёҳат, амалий машғулот тарзида уюштирилади.

Ўтилган мавзу асосида саволлар берилади.

1. Манзарали дарахтлар ҳақида нималарни биласиз?
2. Қайси манзарали дарахт сув бўйида ўсади?
3. Манзарали дарахт турларини санаб беринг?

III. Янги мавзу баёни: Амалий дарс: мактаб боғига саёҳат.

Мевали дарахтлар

Азиз ўқувчилар! Мана бугун сиз билан биз мактабимиз боғига саёҳат уюштирамиз. Эсингизда бўлса, ўтган дарсларимизда ўсимликлар дунёси, манзарали дарахтлар тўғрисида суҳбат олиб борган эдик. Мана бугун барчамиз учун қизиқ бўлган ва керакли бўлган мевали дарахтлар ҳақида сўзлашамиз. Қани ким айтади. Бизнинг мактабимизда қандай мевали дарахтлар бор.

Мевали дарахтлар инсон учун ниҳоятда керакли фойдали озуқани беради. Ўйлайманки, ҳеч бир инсон мевасиз яшолмаса керак. Масалан: шафтоли, олма, беҳи, узум, нок, анжир, анор ва шунга ухшаш меваларни еб ушлаб кўргансиз.

Ўзи кўм кўк, юзи қип қизил (олма)

Олма

Ёз бўйи қип-қизариб,

Пишган ўзим бўламан.

Нютоннинг бошига

Тушган ўзим бўламан.

Билмасвойлар, билволинг,

Ҳадеб ўйга толмасдан.

Мени "Олма" дейишса,

Ўтирманглар олмасдан.[2]

Ҳозир мен сизга олма мевасини табиий ҳолатини кўрсатаман. Бу олма

---
[2] "Ғунча" 2019 йил 4 сони Б-11

ниҳоятда фойдали бўлиб юртимизнинг барча худудларида ўстирилади. Жумладан мактабимиз боғида ҳам олма дарахти бор. Кейинги мевамиз шафтоли ушбу мева ҳам ниҳоятда фойдали турли хил витаминларга бой саналади. Мевалардан турли хил шарбатлар, инсон учун фойдали дориворлар, ҳамда гиёҳлар тайёрланади. Энди сизлар билан мактабимиз боғида экилган манзарали ва мевали дарахтлар билан танишиб ўрганиб саёҳатни амалга оширамиз.

IV. Мустаҳкамлаш:

Қуйидаги саволлар орқали янги мавзуни мустаҳкамлаймиз;

1. Қани болажонлар мевали дарахтлар ҳақида нималарни биламиз?
2. Мевали дарахтларни фойдали жиҳатларини ким айтиб беради?
3. Мактабимиз боғида қандай манзарали ва мевали дарахтлар бор?
4. Мактаб боғимини қандай эҳтиёт қилишимиз керак қани ким айтади?

V. Ўқувчиларни баҳолаш, рағбатлантириш ва дарсни якунлаш:

1. Бугунги саёҳат дарсимиз сизга ёқдими?
2. Мактабимиз боғи билан танишдингизми ва нималарни ўргандингиз?

VI. Уйга вазифа:

Мактабимиз боғида ўсадиган мевали дарахтлар ҳақида гапириб бериш?

5-дарс: Бутали ўсимликлар

Дарснинг мақсади:

А) таълимий: кўришида нуқсони бўлган ўқувчиларга бутали ўсимликлар ва уларнинг тузилиши ҳақида маълумот бериш

Б) тарбиявий: кўришида нуқсони бўлган ўқувчиларга табиатни севиш, она Ватанга бўлган муҳаббатини уйғотиш ва уларда табиат билан дўстона муносабатда бўлиш ҳамда уларни ақлий меҳнатга сафарбар этиш.

Д) ривожлантирувчи: кўришида нуқсони бўлган ўқувчилар бутали ўсимликлар ҳақида сезги идроки ва тасаввурларини уйғотиш ҳамда ўқув фаоллигини юксалтириш.

Коррекцион мақсади:

Кўришида нуқсони бўлган ўқувчиларни кўриш қобилиятини сақлаган ҳолда улардаги сезги идрокини, хотира тасаввурини ва ўқув машғулотида тўғри ўтириш кўникмаларини шакллантиришдан иборат.

Компетенция: кўришида нуқсони бўлган ўқувчиларда мавзу бўйича қуйидаги билим, кўникма ва малакалари шаклланиши лозим;

а) Бутали ўсимликлар ҳақида билиш;

б) Бутали ўсимликлар ҳақида тасаввур уйғотиш;

д) Бутали ўсимликлар ҳақида эркин сўзлай олиш;

Дарснинг тури: янги билим берувчи

Дарснинг услуби: суҳбат

Дарснинг жиҳози: ўқув методик қўлланма, бутали ўсимликлар ҳақида маълумотлар ва Бутали дарахтлар ҳақида тифлотехник воситалар.

Дарснинг бориши:

I. Ташкилий қисм:

- Саломлашиш, давоматни аниқлаш;
- Юртимизда бўлаётган янгиликлар билан қисқа таништириш

II. Ўтилган мавзуни сўраш ва мустаҳкамлаш.

Ўтилган мавзуни дидактик ўйин услуби ёрдамида амалга оширамиз. Бу метод ёрдамида мевали дарахтлар, манзарали дарахтлар ўсимликлар ҳақида ўқувчилар ўртасида тезкор савол жавоб услубидан кенгроқ фойдаланган ҳолда ўқувчиларнинг билимини баҳолаймиз.

Синф ўқувчилари гуруҳларга бўлиниб, ҳар бир гуруҳга олма, шафтоли, беҳи каби меваларни тасвирлаш уларнинг фойдали жиҳатлари ҳақида сўзлаб бериш юклатилади.

III. Янги мавзу баёни:Суҳбат

Бутали ўсимликлар

Қадрдон ўқувчилар! Ўтган дарсларимизда мевали дарахтлар ҳақида суҳбат олиб бордик. Ушбу суҳбатимизни мактабимиз боғига саёҳат қилиб амалга оширдик. Бугунги ўтадиган янги мавзумиз "Бутали ўсимликлар" ҳақида гаплашамиз.

Буталар битта эмас, бир неча кичик танага эга бўлади. Барча тана-поялар битта ўзакдан чиқиб юқорига ўсади. Ўрмонда ўрмон ёнғоғи, наъматак, боғларда настарин, қорағат, хўжағат каби буталарни кўриш мумкин.[3] Бутали ўсимликлар

---
[3] Мен дунёни англайман 2 китоб/ Е.Белятская, А.Тихонов ва бошқа.: Т.: "Давр нашриёти" МЧЖ 2014.Б-53

ҳам юртимизда ниҳоятда кўп учрайди. У ҳам бошқа ўсимликлар қатори инсон учун керакли саналади. Бутали ўсимликлар буйи 2-4 метрдан ошмайдиган пояси ёғочлашган 2, 3 донадан иборат бўлган ўсимликлар бутали ўсимликлар дейилади. Уларга анор узум қорақат, малина, каби бутали ўсимликларга киради.

Анор бутасини биласиз, унинг пояси ёғочлашган 3-4 та пояли эканлигини ҳам биласиз. Анор июн, июль ойларида қизил рангда гуллайди. Меваси эса сентябр, октябр ойларида пишади. Пишган меваси йирик, шарсимон, кўп уруғли, серсув, ширин ёки нордон ширин, жуда нордон бўлади.

Бундан ташқари, узум ҳам бутасимон ўсимликларга киради. Сизни уйингизда ҳам анор ва узум бутали ўсимликлари бор. Сиз бутасимон ўсимликларни қўлларингиз билан ушлаб кўргансиз. Қани айтингчи болалар сиз мана шу меваларни йилнинг қайси фаслида истеъмол қилгансиз? Бу мевалар анор ва узум буталарида қандай жойлашган?

Тўғри болажонлар. Ана энди сиз билан топишмоқ топамиз.

Бир онада юз бола, юзови ҳам бир бола(узум)

Хулоса қилиб айтганда бутасимон ўсимликлар ҳам биз учун керакли ва зарур ўсимлик ҳисобланади.

Ўқитувчи томонидан юқорида келтирилган бутали ўсимликлар тасвирини бўртма шаклда тасвирлаш, заиф кўрадиган ўқувчилар учун бутали ўсимликларнинг сурат тасвири билан таништириш тавсия этилади.

IV. Мустаҳкамлаш:

Қуйидаги саволлар орқали янги мавзуни мустаҳкамлаймиз;

1. Бутали ўсимликлар деганда нимани тушунасиз?
2. Бутали ўсимликларни қайси бирларини биласиз?
3. Уйингизда қандай бутали ўсимликлар бор?
4. Бутали ўсимликларнинг мева турларини айтиб беринг?

V. Ўқувчиларни баҳолаш, рағбатлантириш ва дарсни якунлаш:

VI. Уйга вазифа:

Гурух тарбиячиси ёрдамида бутали ўсимликлар ҳақида ўқиб тайёрланиб келиш?

6-дарс: Бутали ўсимликларнинг шохлари ва баргларининг тузилиши.

Дарснинг мақсади:

А) таълимий: кўришида нуқсони бўлган ўқувчиларга бутали ўсимликларнинг шохлари ва баргларининг тузилиши ҳақида маълумот бериш

Б) тарбиявий: кўришида нуқсони бўлган ўқувчиларга табиатни севиш, она Ватанга бўлган муҳаббатини уйғотиш ва уларда табиат билан дўстона муносабатда бўлиш ҳамда уларни ақлий меҳнатга сафарбар этиш.

Д) ривожлантирувчи: кўришида нуқсони бўлган ўқувчиларда бутали ўсимликларнинг шохлари ва баргларининг тузилиши ҳақида сезги идроки ва тасаввурларини уйғотиш ҳамда ўқув фаоллигини юксалтириш.

Коррекцион мақсади:

Кўришида нуқсони бўлган ўқувчиларни кўриш қобилиятини сақлаган ҳолда улардаги сезги идрокини, хотира тасаввурини ва ўқув машғулотида тўғри ўтириш кўникмаларини шакллантиришдан иборат.

Компетенция: кўришида нуқсони бўлган ўқувчиларда мавзу бўйича қуйидаги билим, кўникма ва малакалари шаклланиши лозим;

а) Бутали ўсимликларнинг шохлари ва баргларининг тузилиши ҳақида билиш;

б) Бутали ўсимликларнинг шохлари ва барглари ҳақида тасаввур уйғотиш;

д) Бутали ўсимликларнинг шохлари ва барглари ҳақида эркин сўзлай олиш;

Дарснинг тури: янги билим берувчи

Дарснинг услуби: маъруза

Дарснинг жиҳози: ўқув методик қўлланма, бутали ўсимликларнинг шохлари ва баргларининг тузилиши ҳақида маълумотлар ва Бутали ўсимликларнинг шохлари ва барглари ҳақида тифлотехник воситалар.

Дарснинг бориши:

I. Ташкилий қисм:

- Саломлашиш, давоматни аниқлаш;
- Юртимизда бўлаётган янгиликлар билан қисқа таништириш

II. Ўтилган мавзуни сўраш ва мустаҳкамлаш.

- Ўтилган мавзуни савол жавоб услуби орқали амалга оширилади. Ўқитувчи дарахтли буталар ҳақида ўқувчи ва мавзуга мос равишда тарқатма саволлар бериб чиқади. Тўлдирилмаган саволлар жавобини ўқувчилар билан биргаликда тўлдиради.

III. Янги мавзу баёни: Маъруза

Бутали ўсимликларнинг шохлари ва баргларининг тузилиши

Азиз ўқувчилар! Ўтган дарсимизда бутали ўсимликлар ҳақида суҳбат олиб борган эдик. Бугунги ўтадиган янги мавзумиз "Бутали ўсимликларининг шохлари ва барглари" ҳақидаги ўтган дарсимизнинг давоми ҳисобланади. Эътибор берганмисиз, ҳар қандай ўсимлик ўзининг шохлари ва барглари ва тана тузилиши илдизига эга. Бутали ўсимликлар ҳам ўзининг шохлари ва баргларининг тузилишига эга бўлиб улар ҳақида қисқагина сўзлаб бераман. Диққат билан эшитинг.

Наъматак кўп йиллик, шифобахшбута ўсимлик. Наъматакларнинг

баландлиги 6 метргача бўлади. Пояси эгилувчан, тиканли, гули ҳар хил рангда, барглари қиррасимон пояда кетма кет жойлашган бўлади.

Ҳозир сизларга наъматак ўсимлигини кўрсатаман. Ҳар бир ўқувчи наъматак ўсимлигини қўл сезгилари ёрдамида тасаввур қилади.

IV. Мустаҳкамлаш:

Қуйидаги саволлар орқали янги мавзуни мустаҳкамлаймиз;

1. Бутали ўсимликларнинг шохлари ва баргларининг тузилиши ҳақида нималарни биласиз?
2. Наъматак ўсимлиги ҳақидачи?
3. Наъматак ўсимлигини тасвирланг?

V. Ўқувчиларни баҳолаш, рағбатлантириш ва дарсни якунлаш:

VI. Уйга вазифа:

Гурух тарбиячиси ёрдамида бутали ўсимликлар ҳақида ўқиб тайёрланиб келиш?

7-дарс: Бутали ўсимликлар. Амалий машғулот.

Дарснинг мақсади:

А) таълимий: кўришида нуқсони бўлган ўқувчиларга бутали ўсимликлар билан танишиш ва уларни тасвирлаш;

Б) тарбиявий: кўришида нуқсони бўлган ўқувчиларга табиатни севиш, она Ватанга бўлган муҳаббатини уйғотиш ва уларда табиат билан дўстона муносабатда бўлиш ҳамда уларни ақлий меҳнатга сафарбар этиш.

Д) ривожлантирувчи: кўришида нуқсони бўлган ўқувчиларда бутали ўсимликлар ҳақида сезги идроки ва тасаввурларини уйғотиш ҳамда ўқув фаоллигини юксалтириш.

Коррекцион мақсади:

Кўришида нуқсони бўлган ўқувчиларни кўриш қобилиятини сақлаган ҳолда улардаги сезги идрокини, хотира тасаввурини ва ўқув машғулотида тўғри ўтириш кўникмаларини шакллантиришдан иборат.

Компетенция: кўришида нуқсони бўлган ўқувчиларда мавзу бўйича қуйидаги билим, кўникма ва малакалари шаклланиши лозим;

а) Бутали ўсимликлар ҳақида билиш;

б) Бутали ўсимликлар ҳақида тасаввур уйғотиш;

д) Бутали ўсимликлар ҳақида эркин сўзлай олиш;

Дарснинг тури: янги билим берувчи

Дарснинг услуби: Амалий машғулот

Дарснинг жиҳози: ўқув методик қўлланма, бутали ўсимликларнинг кўргазмали тасвири.

Дарснинг бориши:

I. Ташкилий қисм:

- Саломлашиш, давоматни аниқлаш;
- Юртимизда бўлаётган янгиликлар билан қисқа таништириш

II. Ўтилган мавзуни сўраш ва мустаҳкамлаш.

Ўтилган мавзуни савол жавоб услуби орқали амалга оширилади. Ўқитувчи бутали ўсимликлар ҳақида ўқувчи ва мавзуга мос равишда тарқатма саволлар бериб чиқади. Тўлдирилмаган саволлар жавобини ўқувчилар билан биргаликда тўлдиради.

III. Янги мавзу баёни: амалий машғулот.

Бутали ўсимликлар.

Азиз ўқувчилар! Ўтган дарсларимизда бутали ўсимликлар тузилиши ва мевалари ҳақида суҳбат олиб борган эдик. Бугун бутали ўсимликлар ҳақида малий машғулот уюштирамиз. Бугунги амалий машғулотимизда бутали ўисмликларни бўртма шаклда тасвирини чизиш, бутали ўсимлик ҳақида овозли видео лавҳа тақдим этамиз.

IV. Мустаҳкамлаш:

Қуйидаги саволлар орқали янги мавзуни мустаҳкамлаймиз;

1. Бутали ўсимликлар ҳақида нималарни билиб олдингиз?
2. Бутали ўсимликларнинг фойдали хусусиятларини айтинг?
3. Наъматак ўсимлигининг меваси қайси фаслда пишади?

V. Ўқувчиларни баҳолаш, рағбатлантиришва дарсни якунлаш:

VI. Уйга вазифа:

Гурух тарбиячиси ёрдамида бутали ўсимликлар ҳақида ўқиб тайёрланиб келиш?

8-дарс: Гуллар ва уларнинг турлари

Дарснинг мақсади:

А) таълимий: кўришида нуқсони бўлган ўқувчиларга гуллар ва уларнинг турлари ҳақида билим бериш;

Б) тарбиявий: кўришида нуқсони бўлган ўқувчиларга табиатни севиш, она Ватанга бўлган муҳаббатини уйғотиш ва уларда табиат билан дўстона муносабатда бўлиш, гулларга бўлган меҳрини ошириш ҳамда уларни ақлий меҳнатга сафарбар этиш.

Д) ривожлантирувчи: кўришида нуқсони бўлган ўқувчиларда гуллар ҳақида сезги идроки ва тасаввурларини уйғотиш ҳамда ўқув фаоллигини юксалтириш.

Коррекцион мақсади:

Кўришида нуқсони бўлган ўқувчиларни кўриш қобилиятини сақлаган ҳолда улардаги сезги идрокини, хотира тасаввурини ва ўқув машғулотида тўғри ўтириш кўникмаларини шакллантиришдан иборат.

Компетенция: кўришида нуқсони бўлган ўқувчиларда мавзу бўйича қуйидаги билим, кўникма ва малакалари шаклланиши лозим;

а) Гуллар ва уларнинг турлари ҳақида билиш;

б) Гуллар ва уларнинг турларини фарқлай олиш;

д) Гуллар ва уларнинг турлари ҳақида эркин гапира олиш;

Дарснинг тури: янги билим берувчи

Дарснинг услуби: суҳбат, тушунтириш методлари

Дарснинг жиҳози: ўқув методик қўлланма, гуллар ва уларнинг турлари ҳақидаги маълумотлар ва гулларга оид тифлотехник воситалар.

Дарснинг бориши:

I. Ташкилий қисм:

- Саломлашиш, давоматни аниқлаш;
- Юртимизда бўлаётган янгиликлар билан қисқа таништириш

II. Ўтилган мавзуни сўраш ва мустаҳкамлаш.

Ўтилган мавзуни савол жавоб услуби ёрдамида амалга оширамиз. Бу жараёнда ўтилган мавзуга оид саволлар карточкаси ҳар бир ўқувчига тарқатиб чиқилади. Ўқувчи 5 дақиқа оралиғида ўқитувчи ёрдамида саволга жавоб топиб ўз тенгдошлари олдида жавоб беради.

Саволлар

1. Бута ўсимлиги ҳақида нималарни биласиз?
2. Узум ва анор бута ўсимлиги ҳақида нималарни биласиз?
3. Мевалар ҳақида қандай топишмоқлар биласиз?
4. Мевалар ҳақида қандай тез айтишлар биласиз?

III. Янги мавзу баёни: суҳбат ва тушунтириш

Гуллар ва уларнинг турлари

Азиз ўқувчилар! Ҳозир юртимизда қайси фасл? Куз фасли. Албатта тўғри жавоб бердингиз. Биз ўтган дарсимизда сиз жажжи болажонлар билан бутали ўсимликлар ва уларнинг тузилиши ҳақида суҳбат олиб бордик. Бугунги ўтадиган янги мавзумиз "Гуллар ва уларнинг турлари" бўлиб сизларга мавзу юзасидан ўзимнинг ўқиганларимни гапириб бераман. Диққат билан эшитинг.

Ўзбекистон гуллар ўлкаси. Тоғ ва қирларда, дала ва боғларда, ҳиёбон ва ҳовлиларда, кўп қаватли биноларнинг дераза токчаларида турли туман манзарали гулларни кўриш мумкин.[4] Гулларни қуйидаги турлари бор ёдда сақланг: хона гуллари, ҳовли гуллари ва тоғ ва қирларда учрайдиган ёввойи гуллардир.

---
[4] "Гулли ўсимликлар" Б-16

Хона гуллари. Мана ҳозир синфимизда ўсадиган гулларни мисол қилиб олишимиз мумкин. Сиз ҳар куни ушбу гулларга сув қуясиз ва парвариш қиласиз. Хона гулларига алоэ, кактус, геран ва бошқалардир.

Ҳовли гулларига атиргул, райхон, гултожихўроз ва бошқалар. Тоғ ва адирларда ўсадиган гулларга тоғ лоласи, бойчечак, лолақизғалдоқ ва бинафшалардир.

Гуллар ҳақида видео ролик қўйиб бераман диққат билан эшитинг.

Ҳозир сизларга гул ҳақида топишмоқ ўқиб бераман. Қани ким топади.

Ўтлоқдаги сўқмоқдан юриб,

Қуёш кўрдим, мен ўтлар ичра,

Оппоқ эди унинг нурлари

Бироқ тафти йўқ эди сира.[5] (мойчечак)

Гуллар бизнинг ҳаёимизга ўзига хос чирой ва тоза ҳавоулашиб туради. Шундай экан, ҳар биримиз, гулларга эҳтиётбўлибпарвариш қилишимиз керак.агар синфимиздаги гулларни кўпайтириб, доимо парвариш қилиб борсак, сирнф хонамиз ниҳоятда чиройли обод бўлади.

Хулоса қилиб айтганимизда, ҳар доим гулларга ўсимликларга ва она табиатга ўз меҳримизни берсак, шубҳасиз, она табиат биздан ва сиздан мамнун бўлади.

IV. Мустаҳкамлаш:

Қуйидаги саволлар орқали янги мавзуни мустаҳкамлаймиз;

---

[5]Мен дунёни англайман 2 китоб/ Е.Белятская, А.Тихонов ва бошқа.: Т.: "Давр нашриёти" МЧЖ 2014. Б-69

1. Гуллар ва уларнинг турлари ҳақида нималарни биласиз?
2. Хонаки гулларга қайси гуллар киради?
3. Ҳовли гулларнини санаб беринг?
4. Тоғ ва қирларда қандай гуллар ўсади?

V. Ўқувчиларни баҳолаш, рағбатлантириш ва дарсни якунлаш:

VI. Уйга вазифа:

Гурух тарбиячиси ёрдамида гуллар ва уларнинг турлари ҳақида ўқиб тайёрланиб келиш, гуллар ҳақида шеър ёдлаб келиш?

9-дарс: Гулларнинг ривожланиши ва уларнинг фойдали жиҳатлари

Дарснинг мақсади:

А) таълимий: кўришида нуқсони бўлган ўқувчиларга гулларнинг ривожланиши ва уларнинг фойдали жиҳатлари ҳақида билим бериш;

Б) тарбиявий: кўришида нуқсони бўлган ўқувчиларга табиатни севиш, она Ватанга бўлган муҳаббатини уйғотиш ва уларда табиат билан дўстона муносабатда бўлиш, гулларга бўлган меҳрини ошириш ҳамда уларни ақлий меҳнатга сафарбар этиш.

Д) ривожлантирувчи: кўришида нуқсони бўлган ўқувчиларда гулларнинг ривожланиши ва уларнинг фойдали жиҳатлари ҳақида сезги идроки ва тасаввурларини уйғотиш ҳамда ўқув фаоллигини юксалтириш.

Коррекцион мақсади:

Кўришида нуқсони бўлган ўқувчиларни кўриш қобилиятини сақлаган ҳолда улардаги сезги идрокини, хотира тасаввурини ва ўқув машғулотида тўғри ўтириш кўникмаларини шакллантиришдан иборат.

Компетенция: кўришида нуқсони бўлган ўқувчиларда мавзу бўйича қуйидаги билим, кўникма ва малакалари шаклланиши лозим;

а) гулларнинг ривожланиши ва уларнинг фойдали жиҳатлари ҳақида билиш;

б) гулларнинг ривожланиши ва уларнинг фойдали жиҳатлари фарклай олиш;

д)гулларнинг ривожланиши ва уларнинг фойдали жиҳатлари ҳақида эркин гапира олиш;

Дарснинг тури: янги билим берувчи

Дарснинг услуби: суҳбат, тушунтириш методлари

Дарснинг жиҳози: ўқув методик қўлланма, гулларнинг ривожланиши ва уларнинг фойдали жиҳатлари ҳақидаги маълумотлар ва гулларнинг ривожланишига оид тифлотехник воситалар.

Дарснинг бориши:

I. Ташкилий қисм:

- Саломлашиш, давоматни аниқлаш;
- Юртимизда бўлаётган янгиликлар билан қисқа таништириш

II. Ўтилган мавзуни сўраш ва мустаҳкамлаш.

Ўтилган мавзуни савол жавоб услуби ёрдамида амалга оширамиз. Бу жараёнда ўтилган мавзуга оид саволлар карточкаси ҳар бир ўқувчига тарқатиб чиқилади. Ўқувчи 5 дақиқа оралиғида ўқитувчи ёрдамида саволга жавоб топиб ўз тенгдошлари олдида жавоб беради.

Саволлар

1. Гуллар ҳақида нималарни биласиз?
2. Тоғ ва адирларда қандай гуллар ўсади?
3. Хонаки ва ҳовли гулларини қандай парвариш қиламиз?
4. Бизнинг синф хонамизда қандай гуллар ўсади?
5. Синф хонадаги гулларни қандай парваришлашимиз керак?

III. Янги мавзу баёни: суҳбат ва тушунтириш

Гулларнинг ривожланиши ва уларнинг фойдали жиҳатлари

Азиз ўқувчилар! Сиз билан биз ўтган дарсимизда гуллар ва уларнинг турлари мавзуси бўйича суҳбат олиб борган эдик. Ёдингизда бўлса, юртимизда гулларнинг хилма хил турлари борлигини айтган эдим. Ўтган мавзуни давоми сифатида гуллар ҳақида сиз азиз ўқувчилар билан фикр алмашамиз.

Гулларнинг ривожланиши нима дегани? Ҳар қандай тирик жонли мавжудот ривожланишга эга. Масалан: ҳозир сиз 1 синфда ўқияпсиз? Кейинги йил 2 синфда ўқийсиз, бир йил давомида улғайиб ривожланасиз.

Гуллар ҳам аста секинлик билан куртак ёзиб, ниҳол шаклида ривожланади. Гулларнинг ўсиши учун озиқ ва ҳаво зарур. Уларнинг илдизлари сувни тупроқдан олади.

Масалан: синфимизда ўсаётган тувак гулларига хар доим сизнинг ёрдамингиз билан суғориб борасиз. Бу гуллар ойнадан тушаётган қуёш нури орқали ривожланиб катта бўлиб боради. Бу ҳолатни тувакдаги гулни ёруғлик тушадиган дераза ёнига қўйинг. Бир неча соатдан сўнг тувакдаги гул ўз барглврини ёруғлик томонга бурганини кўрасиз.

Энди болажонларим, гул ўсимлигининг фойдали жиҳатларини гапириб бераман. Гуллардан инсон учун керакли фойдали дориворлар, гиёҳлар тайёрланади. Мисол учун сизга таниш бўлган ва сиз билган алоэ гули кишининг бирор бир жойи жароҳатланса, алоэ барги жароҳат ва яраларни даволайди.

Наъматак гулининг мевалари инсоннинг қони камлигида дамлама сифатида истеъмол қилинса кишига фойда беради. Гулларни фойдали жиҳатлари ҳақида соатлаб гапиришимиз мумкин бизнинг вақтимиз ва дарсимиз етмайди.

Юқоридаги мавзуга оид фикр мулоҳазалардан қуйидаги хулосани айтамиз. Демак, гуллар ҳам ҳар доим ривожланишда бў

либ инсонлар учун фойдали доривор гиёҳларни ишлаб чиқаради.

IV. Мустаҳкамлаш:

Қуйидаги саволлар орқали янги мавзуни мустаҳкамлаймиз;

1. Гулларнинг ривожланиши ҳақида нималарни биласиз?
2. Гул ўсимлигидан инсон учун қандай фойдали жиҳатлари бор?
3. Алоэ ва наъматак гулларининг фойдали жиҳатларини айтиб беринг?
4. Яна қандай уйингизда ўсаётган гулларни биласиз?

V. Ўқувчиларни баҳолаш, рағбатлантириш ва дарсни якунлаш:

VI. Уйга вазифа:

Гурух тарбиячиси ёрдамида гулларнинг ривожланиши ва улдарнинг фойдали жиҳатлари ҳақида ўқиб тайёрланиб келиш, гуллар ҳақида шеър ёдлаб келиш?

10-дарс:Гулларни тасвирлаш амалий дарс

Дарснинг мақсади:

А) таълимий: кўришида нуқсони бўлган ўқувчиларга гулларни тасвирлашҳақида билим бериш;

Б) тарбиявий: кўришида нуқсони бўлган ўқувчиларга табиатни севиш, она Ватанга бўлган муҳаббатини уйғотиш ва уларда табиат билан дўстони муносабатда бўлиш, гулларга бўлган меҳрини ошириш ҳамда уларни ақлий меҳнатга сафарбар этиш.

Д) ривожлантирувчи: кўришида нуқсони бўлган ўқувчиларда гулларни тасвирлаш ҳақида сезги идроки ва тасаввурларини уйғотиш ҳамда ўқув фаоллигини юксалтириш.

Коррекцион мақсади:

Кўришида нуқсони бўлган ўқувчиларни кўриш қобилиятини сақлаган ҳолда улардаги сезги идрокини, хотира тасаввурини ва ўқув машғулотида тўғри ўтириш кўникмаларини шакллантиришдан иборат.

Компетенция: кўришида нуқсони бўлган ўқувчиларда мавзу бўйича қуйидаги билим, кўникма ва малакалари шаклланиши лозим;

а) Гулларни тасвирлаш ҳақида билиш;

б) гулларни тасвирлашни фарқлай олиш;

д) гулларни тасвирлаш ва уларни эркин ифода этиш;

Дарснинг тури: янги билим берувчи

Дарснинг услуби: суҳбат, тушунтириш методлари

Дарснинг жиҳози: ўқув методик қўлланма, гулларни тасвирлаш ҳақидаги маълумотлар.

Дарснинг бориши:

I. Ташкилий қисм:

- Саломлашиш, давоматни аниқлаш;
- Ўқувчилар билан биргаликда давлат мадҳиясини ижро этиш.
- Юртимизда бўлаётган янгиликлар билан қисқа таништириш

II. Ўтилган мавзуни сўраш ва мустаҳкамлаш.

Ўтилган мавзуни кичик гуруҳларда ишлаш услуби ёрдамида амалга оширилади. Бу жарёнда ўқитувчи синф ўқувчиларининг сонига қараб ва ўқув ўзлаштириш даражасига эътибор юерган ҳолда ўқувчиларни тақсимлайди.

Ҳар бир гуруҳ аъзоларига гуруҳ сардори гуруҳ назоратчиси ва котиби каби вазифаларини юклатади. Гуруҳ сардорлигига ўқув ўзлаштириши бўлган болаларни иштирокини таъминлаш ниҳоятда мақсадли кечади.

Гуруҳлар учун тарқатма саволлар

1. Гулларнинг ривожланиши ҳақида нималарни гапира оласи?
2. Юртимизда қандай гуллар ўсади, санаб беринг?
3. Гуллардан қандай фойдали дориворь гиёҳлар олинади?
4. Синфимизда қандай гуллар бор ва уларнинг номланиши айтинг?
5. Хона гуллари қандай парвариш қилинади?
6. Хона ва ҳовли гуллари ҳақида айтиб беринг?

III. Янги мавзу баёни: амалий иш, кичик гуруҳларда ишлаш

Гулларни тасвирлаш

Азиз ўқувчилар! Сиз билан гуллар ҳақида кенгроқ гаплашиб суҳбатлашиб олдик, бугунги дарсимизда жамоа бўлиб гулларни ўзингизни қўлингиз ёрдамида тасвирлашингиз керак. Мен сизларга тоғ лола гулини тасвирини кўрсатаман. Ушбу гулни қўл сезгилари ёрдамида ушлаб уни тасаввур этишларингиз керак. Тортинмасдан лола гулини ушлаб кўришингиз мумкин.

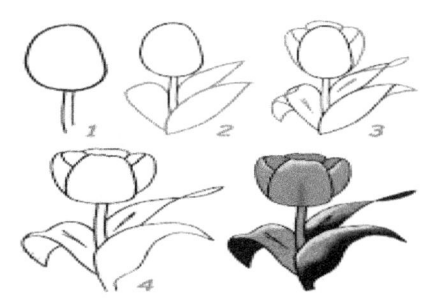

Лола гули ва алоэ гулларининг тасвири кўрсатилади.

Ушбу гулларни тасвирлашга ҳаракат қилинг. Ҳар бир жамоа аъзолари иштирок этсин. Диққат билан тасвирлашга ҳаракат қилинг. Жамоаларни рағбатлантирамиз.

IV. Мустаҳкамлаш:

Қуйидаги саволлар орқали янги мавзуни мустаҳкамлаймиз;

1. Чизилган лола гулини тасвирини изоҳлаб беринг?
2. Алоэ гулини тасвирланг ва унинг фойдали жиҳатлароини айтиб беринг?
3. Гуллар ҳақида қайси жамоа аъзолари тез айтиш ёки шеърлар биласиз?

V. Ўқувчиларни баҳолаш, рағбатлантириш ва дарсни якунлаш:

VI. Уйга вазифа:

Гурух тарбиячиси ёрдамида гуллар ҳақида шеър ёдлаш ва тез айтишни такрорлаб келиш.

Лолажон

Сенга тегиб кетмасин қўлим,

Жуда жуда нозик ниҳолсан.

Лолажоним эркатой гулим,

Шеърларимда бугун ғазалсан.

Меҳр дея яшайсан мудом,

Лекин сенинг юрак бағринг қон.

Дардларингни беркитиб дилга,

Шодланасан жоним лолажон.

Яшаш сирин ўргандим сендан,

Кулибгина келиб кетасан.

Баҳорингдан топиб ўзингни,

Орзуларни кўзга суртасан.

11-дарс: Ҳайвонлар ва уларнинг турлари

Дарснинг мақсади:

А) таълимий: кўришида нуқсони бўлган ўқувчиларга ҳайвонг турлари ҳақидаасосий билимларни бериш;

Б) тарбиявий: кўришида нуқсони бўлган ўқувчиларга табиатни севиш, она Ватанга бўлган муҳаббатини уйғотиш ва уларда табиат билан дўстона муносабатда бўлиш ва уларда ҳайвонлар билан дўстона муносабатда бўлиш ҳамда уларни ақлий меҳнатга сафарбар этиш.

Д) ривожлантирувчи: кўришида нуқсони бўлган ўқувчиларда ҳайвонлар ва уларнинг турлари ҳақида тасаввурларини уйғотишулардаги ўқув мотивациясини ошириш.

Коррекцион мақсади:

Кўришида нуқсони бўлган ўқувчиларни кўриш қобилиятини сақлаган ҳолда улардаги сезги идрокини, хотира тасаввурини ва ўқув машғулотида тўғри ўтириш кўникмаларини шакллантиришдан иборат.

Компетенция: кўришида нуқсони бўлган ўқувчиларда мавзу бўйича қуйидаги билим, кўникма ва малакалари шаклланиши лозим;

а) ҳайвонлар ва уларнинг турлари ҳақида билиш;

б) ҳайвонлар ва уларнинг турларини фарқлай олиш;

д) ҳайвонлар ва уларнинг турлари ҳақида эркин гапира олиш;

Дарснинг тури: янги билим берувчи

Дарснинг услуби: суҳбат

Дарснинг жиҳози: ўқув методик қўлланмалар, ҳайвоноь оламининг катта энцеклопедияси ва ҳайвонот оламига оид видеолавҳа ҳамда тифлотехник воситалар.

Дарснинг бориши:

I. Ташкилий қисм:

- Саломлашиш, давоматни аниқлаш;
- Юртимизда бўлаётган янгиликлар билан қисқа таништириш

II. Ўтилган мавзуни сўраш ва мустаҳкамлаш.

Ўтилган мавзу Гуллар, амалий машғулот. Ўқувчиларга гуллар мавзусига оид шеър, топишмоқ ва тез айтишлар ўрганиб келиш вазифаси берилган эди. Ўқувчилардан мавзуга оид шеърлар ва топишмоқлар сўралади.

III. Янги мавзу баёни: суҳбат

Ҳайвонот олами

Азиз ўқувчилар! Бугунги дарсимизда сизга таниш бўлган ҳайвонот олами ҳақида суҳбат олиб борамиз. Бутун ер юзида ҳайвонларнинг хилма хил турлари учрайди. Бу ҳайвонлар ҳам инсонларни ёрдамига муҳтож. Шундай экан бугунги дарсимизда ҳайвонот олами ҳақида фикр юритамиз.

Азиз болажонларим ҳозир сизга савол бераман. Қани ким айтади. Ҳайвонлар билан инсонларни қандай фарқли жиҳатлари бор. Ҳайвон билан инсоннинг фарқли жиҳати биз инсонлар онгимиз тафаккуримиз нутқимиз одобимиз билан ҳайвондан фарқланамиз. Ҳайвонларда онг, тафаккур, нутқ, фикрлаш асло мавжуд эмас. Шу сабабли бу ҳайвонлар сизнинг ва бизнинг ёрдамимизга қараб яшайди. Сайёрамизда яъни ер юзида ёввойи ҳайвонлар ва уй ҳайвонлари бор. Ҳайвонот олами ўзига хос қизиқарли олам с саналади. Улар ўрмонларда тоғларда чўлларда, сув ҳавзаларида шунингдек инсонлар билан бирга яшайди. Бу ҳайвонлар табиат неъматларидан озиқланиб ҳаёт кечиради. Масалан ўтхўр ҳайвонлар ўсимликлар билан озиқланади. Гўштхўр ҳайвонлар эса ўзидан кичик бўлган ҳайвонлар ва гўшт маҳсулотларни ейди. Масалан ўтхўр ҳайвонларга қўй, эчки, сигир, от, эшак, туя ва бошқалардир. Гўштхўр ҳайвонларга ит, мушук, тулки, бўри ва бошқалардир.

O'tho'r hayvonlar:

Go'shtxo'r hayvonlar

Хулоса қилиб айтганимизда, барчамиз ҳайвонлар билан дўстона

муносабатда бўлишимиз, уларга озор бермаслигимиз ва уларни асраб авайлашимиз лозим. Чунки бу ҳайвонлар табиатимизнинг табиий бойликлари ҳисобланади.

IV. Мустаҳкамлаш:

Қуйидаги саволлар орқали янги мавзуни мустаҳкамлаймиз;

1. Ҳайвонот олами ҳақида нималарни биласиз?
2. Ёввойи ҳайвонларга қайсилар киради?
3. Гўштхўр ҳайвонларни санаб беринг?

V. Ўқувчиларни баҳолаш, рағбатлантириш ва дарсни якунлаш:

VI. Уйга вазифа:

Гурух тарбиячиси ёрдамида ҳайвонлар ҳақида ўқиб тайёрланиб келиш, ҳайвонлар ҳақида шеър ёдлаб келиш?

12-дарс: Ёввойи ва уй ҳайвонлари

Дарснинг мақсади:

А) таълимий: кўришида нуқсони бўлган ўқувчиларга ёввойи ва уй ҳайвонлари ҳақида билим бериш;

Б) тарбиявий: кўришида нуқсони бўлган ўқувчиларга табиатни севиш, она Ватанга бўлган муҳаббатини уйғотиш ҳайвонларга нисбатан дўстона муносабатда бўлиш ҳамда уларни ақлий меҳнатга сафарбар этиш.

Д) ривожлантирувчи: кўришида нуқсони бўлган ўқувчиларда ёввойи ва уй ҳайвонлари ҳақида тасаввурларини уйғотиш улардаги ўқув мотивациясини ошириш.

Коррекцион мақсади:

Кўришида нуқсони бўлган ўқувчиларни кўриш қобилиятини сақлаган ҳолда улардаги сезги идрокини, хотира тасаввурини ва ўқув машғулотида тўғри ўтириш кўникмаларини шакллантиришдан иборат.

Компетенция: кўришида нуқсони бўлган ўқувчиларда мавзу бўйича қуйидаги билим, кўникма ва малакалари шаклланиши лозим;

а) ёввойи ва уй ҳайвонлари ҳақида билиш;

б) ёввойи ва уй ҳайвонлари фарқлай олиш;

д) ёввойи ва уй ҳайвонлари ҳақида эркин гапира олиш;

Дарснинг тури: билим берувчи

Дарснинг услуби: суҳбат

Дарснинг жиҳози: ўқув методик қўлланмалар, ҳайвонот оламининг катта энцеклопедияси ва ёввойи ва уй ҳайвонлари ҳақида видеолавҳа ҳамда тифлотехник воситалар.

Дарснинг бориши:

I. Ташкилий қисм:

- Саломлашиш, давоматнианиқлаш;
- Юртимизда бўлаётган янгиликлар билан қисқа таништириш

II. Ўтилган мавзуни сўраш ва мустаҳкамлаш.

Ўтилган мавзуни "Тўртинчиси ортиқча" ўйини орқали сўраймиз.

Гўштхўр ҳайвонларни топинг?

1. Йўлбарс, бўри, тулки, (зебра).
2. Шер, акула, жирафа, (айиик).

Ўтхўр ҳайвонларни топинг?

3. От, жирафа, (тимсох), тоғ эчкиси.
4. Эшак, (чиябўри), фил, буқа.

Қуйидаги саволлар орқали ўтилган мавзу мустаҳкамланади. Ўқувчиларга ёввойи ва уй ҳайвонлари мавзусига оид қуйидаги саволларни берамиз

1. Ҳайвонот олами деганда нималарни биласиз.
2. Гўштхўр ҳайвонларга қайсилар киради.
3. Ўтхўр ҳайвонларни санаб беринг.
4. Уйингизда қандай уй ҳайвонлари бор.

III. Янги мавзу баёни: суҳбат

Ёввойи ва уй ҳайвонлари

Азиз ўқувчилар! Ўтган дарсимизда сиз билан биз ҳайвонот олами ҳақида суҳбат олиб борган эдик. Бугунги мавзумиз ўтган мавзуни давоми ҳисобланади. Мен сизларга ёввойи ва уй ҳайвонлари ҳақида гапириб, тушунтириб бераман.

Ёввойи ҳайвонлар ер юзининг турли хил жойларида яшайди. Ёввойи ҳайвонлар тоғ ён бағрларида, чўлларда, ўрмонларда ва сув ҳавзаларида учрайди. Ёввойи ҳайвонларга қани ким айтади, қандай ҳайвонлар киради. Ёввойи ҳаёвонлрага: маймун, айиқ, бўри, тулки, йўлбарс, чўчқа ва бошқа шунга ўхшаш ёввойи ҳайвонларни мисол қилиб олишимиз мумкин. Ёввойи ҳайвонлар инсонлардан йироқда ўз холича яшайдиганҳайвонлар ҳисобланади. Бу ҳайвонлар йиртқич инсонга зарар берадиган мавжудот ҳисобланади. Ёввойи ҳайвонлар ҳам ўтган дарсимизда айтганнимиздек, гўштхўр ва ўтхўр ҳайвонларга бўлинади. Диққат билан эшитинг бизнинг шаҳарларимизда сизга таниш бўлган нималар бор, ҳайвонот боғлари бор. Бу ҳайвонот боғларида юқорида биз айтган ёввойи ҳайвонлар парвариш қилинади. Масалан: тошкент шаҳридаги ҳайвонот боғида ёввойи ҳайвонларнинг бир қанча турлари парвариш қилинади.

Энди сизларга барчамизга таниш бўлган уй ҳайвонлари ҳақида суҳбатни давом эттирамиз. Қани ким айтади уй ҳайвонларига қандай ҳайвонлар киради? Уй ҳайвонларига қўй, эчки, сигир, буқа, от, эшак, ит, мушук, ва бошқа уй ҳайвонларни айтишимиз мумкин. Бу уй ҳайвонлари сиз ва биз билан биргаликда яшайди. Бу ҳайвонлар ҳам гўштхўр ва ўтхўр ҳисобланади.

Ҳайвонларнинг фойдали жиҳатлари инсонлар уй ҳайвонларини айримларини гўштини истеъмол қиламиз. Масалан: эчки, қўй, буқалар, от, туя, каби ҳайвонларни гўшти ҳалол ҳисобланади.

Хулоса қилиб айтганимизда, барча барчамиз ҳайвонларга дўстона муносабатда бўлишимиз керак. Ҳеч қайси ҳайвонга озор беришимиз яхши эмас. Сиз ҳайвонларни эъзозласангиз ҳайвонлар ҳам сизга яхши муносабатда бўлади.

IV. Мустаҳкамлаш:

"Топишмоқлар топамиз" ўйини орқали мавзуни мастаҳкамлаймиз.
1. тўрт оёқли, темир туёқли (от)
2. соқоли бор мўйлови йўқ (эчки)
3. уйдай жойни олар, сичқондан қўрқар. (фил)
4. йўл йўл тўни бор, одам қўрқар турқи бор (йўлбарс)

Қуйидаги саволлар орқали янги мавзуни мустаҳкамлаймиз;
1. Ёввойи ҳайвонларга қайсилар киради?
2. Уй ҳайвонларига нималар киради.
3. Қайси уй ҳайвонларини гўштини истеъмол қилишимиз мумкин.
4. Ёввойи ҳайвонлар қаерларда яшайди.

V. Ўқувчиларни баҳолаш, рағбатлантириш ва дарсни якунлаш:

VI. Уйга вазифа:

Гурух тарбиячиси ёрдамида ҳайвонот олами, ёввойи ва уй ҳайвонлари ҳақида ўқиб тайёрланиб келиш.

13-дарс: Ҳайвонларни тасвирлаш

Дарснинг мақсади:

А) таълимий: кўришида нуқсони бўлган ўқувчиларга ҳайвонларни тасвирлаш ҳақида билим бериш;

Б) тарбиявий: кўришида нуқсони бўлган ўқувчиларга табиатни севиш, она Ватанга бўлган муҳаббатини уйғотиш ҳайвонларга нисбатан дўстона муносабатда бўлиш ҳамда уларни ақлий меҳнатга сафарбар этиш.

Д) ривожлантирувчи: кўришида нуқсони бўлган ўқувчиларда ҳайвонларни тасвирлаш ҳақида тасаввурларини уйғотиш улардаги ўқув мотивациясини ошириш.

Коррекцион мақсади:

Кўришида нуқсони бўлган ўқувчиларни кўриш қобилиятини сақлаган ҳолда улардаги сезги идрокини, хотира тасаввурини ва ўқув машғулотида тўғри ўтириш кўникмаларини шакллантиришдан иборат.

Компетенция: кўришида нуқсони бўлган ўқувчиларда мавзу бўйича қуйидаги билим, кўникма ва малакалари шаклланиши лозим;

а) ҳайвонларни тасвирлаш ҳақида билиш;

б) ҳайвонларни тасвирларини фарқлай олиш;

д) ҳайвонларни мустақил тасвирлай олиш;

Дарснинг тури: билим берувчи

Дарснинг услуби: амалий машғулот

Дарснинг жиҳози: ўқув методик қўлланмалар, ҳайвонларнинг хар хил шакллар, пластилин ва тифлотехник воситалар.

Дарснинг бориши:

I. Ташкилий қисм:

- Саломлашиш, давоматнианиқлаш;
- Юртимизда бўлаётган янгиликлар билан қисқа таништириш

II. Ўтилган мавзуни сўраш ва мустаҳкамлаш.

Ўтилган мавзу ёввойи ва уй ҳайвонлари мавзуси бўйича кичик гуруҳларда ишлаш услуби ёрдамида амалга оширамиз. Ўқувчиларга ҳайвонот олами ҳамда ёввойи ва уй ҳайвонлари мавзуларига оид умумлаштирган ҳолда қуйидаги саволларни берамиз.

1. Ҳайвонот олами деганда нималарни биласиз.
2. Ёввойи ва уй ҳайвонларига қайсилар киради.
3. Ёввойи ҳайвонлар қаерда яшайди гурух билан биргаликла жавоб беринг.
4. Уй ҳайвонлари ҳақида нималарни биласиз?
5. Уйингизда қандай уй ҳайвонлари бор.

III. Янги мавзу баёни: амалий машғулот

Ҳайвонларни тасвирлаш

Азиз ўқувчилар! Сиз билан биз ўтган дарсларимизда ҳайвонот олами ёввойи ва уй ҳайвонлари тўғрисида суҳбат олиб борган эдик. Бугунги дарсимизда ёввойи ва уй ҳайвонларини қўл сезги ва идроки орқали тасаввур қилишни ўрганамиз. Ҳайвонларни ўйинчоқ шаклидаги тасвирларидан фойдаланамиз. Мана ҳозир сизларга фил, йўлбарс, тулки ҳайвонларини 1 жамоа аъзоларига тасвирлашга тақдим этамиз. Жамоа аъзолари билан биргаликда юқорида тасвирлари кўрсатилган ҳайвонлардан бирини тасвирланг. 2 жамоа аъзоларига уй ҳайвонларидан ит, мушук ва от ҳайвонларини тасвирлашга ҳаракат қилинг.

Хулоса қилиб айтганимизда, ҳар доим ҳайвонлар билан яхши муносабатда бўлишингизни сўрайман. Шунда ҳайвонлар ҳам сиз ва биз билан дўстона муносабатда бўлади. Уйингиздаги уй ҳайвонларига эътибор бериб уларни парваришлашга ҳаракат қилинг.

1-гурух

Фил, йўлбарс, тулки

2-гурух

ит, мушук ва от

IV. Мустаҳкамлаш:

Қуйидаги саволлар орқали янги мавзуни мустаҳкамлаймиз;

1. Ёввойи ҳайвонларга қайсилар киради?
2. Уй ҳайвонларига нималар киради.
3. Қайси уй ҳайвонларини гўштини истеъмол қилишимиз мумкин.
4. Ёввойи ҳайвонлар қаерларда яшайди.
5. Мўйлови бор, соқоли йўқ (мушук)
6. Кечаликка ҳов ҳов этар, кундузига вов вов этар (кучук)
7. Сувдай чопади, манзилга етади (от)
8. Кечаси овида кундузи уйида (тулки)

V. Ўқувчиларни баҳолаш, рағбатлантириш ва дарсни якунлаш:

Ҳар бир жамоа аъзоларига биттадан ҳар хил ҳайвонларни шаклларни тақдим этамиз.

VI. Уйга вазифа:

Гурух тарбиячиси ёрдамида ҳайвонот олами, ёввойи ва уй ҳайвонлари тасвирларини чизиб келиш.

14-дарс: Қушлар ва уларнинг турлари

Дарснинг мақсади:

А) таълимий: кўришида нуқсони бўлган ўқувчиларга қушлар ва уларнинг турлари ҳақида асосий билимларни бериш;

Б) тарбиявий: кўришида нуқсони бўлган ўқувчиларга табиатни севиш, она Ватанга бўлган муҳаббатини уйғотиш ва қушлар билан дўстона муносабатда бўлиш ҳамда уларни ақлий меҳнатга сафарбар этиш.

Д) ривожлантирувчи: кўришида нуқсони бўлган ўқувчиларда қушлар ва уларнинг турлари ҳақида тасаввурларини уйғотиш улардаги ўқув мотивациясини ошириш.

Коррекцион мақсади:

Кўришида нуқсони бўлган ўқувчиларни кўриш қобилиятини сақлаган ҳолда улардаги сезги идрокини, хотира тасаввурини ва ўқув машғулотида тўғри ўтириш кўникмаларини шакллантиришдан иборат.

Компетенция: кўришида нуқсони бўлган ўқувчиларда мавзу бўйича қуйидаги билим, кўникма ва малакалари шаклланиши лозим;

а) қушлар ва уларнинг турлари ҳақида билиш;

б) қушлар ва уларнинг турлари фарқлай олиш;

д) қушлар ва уларнинг турлари ҳақида эркин гапира олиш;

Дарснинг тури: янги билим берувчи

Дарснинг услуби: суҳбат

Дарснинг жиҳози: ўқув методик қўлланмалар, қушлар оламига оид видеолавҳа ҳамда тифлотехник воситалар.

Дарснинг бориши:

I. Ташкилий қисм:

- Саломлашиш, давоматни аниқлаш;
- Юртимизда бўлаётган янгиликлар билан қисқа таништириш

II. Ўтилган мавзуни сўраш ва мустаҳкамлаш.

Ўтилган мавзу амалий машғулот. Савол жавоб услуби ёрдамида амалга оширамиз. Ўқувчиларга ҳайвонот олами мавзусига оид саволлар берилади.

1. Қайси ҳайвонлар ёввойи ҳайвонлар ҳисобланади?
2. Ўтхўр ҳайвонларга мисол келтиринг?
3. Уй ҳайвонларига қайси ҳайвонлар киради ва улар қандай аҳамиятга эга?
4. Нима учун уй ҳайвонларини боқамиз?
5. Сиз ёқтирган уй ҳайвони ҳақида қисқа матн тузинг?

III. Янги мавзу баёни: суҳбат

Қушлар ва уларнинг турлари

Азиз ўқувчилар! Бугунги дарсимизда сизга таниш бўлган қушлар ва уларнинг турлари ҳақида суҳбат олиб борамиз. Бутун ер юзида қушларнинг хилма хил турлари учрайди. Бу қушлар инсонларни ёрдамига муҳтож бўлади. Шундай экан бугунги дарсимизда қушлар ва уларнинг турлари ҳамда уларнинг табиатдаги ўрни ҳақида ҳақида фикр юритамиз.

Қанотлари ва патлари бор жониворлар қушлар деб аталади. Қушларнинг аксарияти дон, ўсимлик ва мевалар билан озиқланади. Улар ҳашаротларни, қурт-қумурсқаларни ҳам ейдилар. Лекин шундай қушлар ҳам борки улар майда ҳайвонлар ва қушларни овлаб озиқланадилар. Бу қушларга лочин, бургут ва бошқа йирик қушлар. Сувда балиқ овлайдиган қушлар ҳам бор.

Ҳозир сизлар қуш ҳақида топишмоқ айтаман.

Оддий сўзга айланар тили,

Қафасни хуш кўрмас дили.[6] (тўтиқуш)

Гул устида жажжи ашулачи (булбул)

Юртимизда ҳам қушларни кўплаб турлари учрайди. Фасллар алмашини оқибатида қушларнинг юртимиз учиб келиши ҳам ўзгариб туради. Эътибор берган бўлсангиз бизнинг уйимизда қалдирғоч, мусича, чумчуқ каби қушлар ии кургани кўргансиз ёки эшитгансиз.

Диққат билан эътибор беринг баҳор фасли айниқса, шаҳар боғларида тоғ ён бағирларида сайроқи қушларни овозларини эшитгансиз. Қушлар ҳам табиатнинг мўъжизасидир.

---

[6] Атрофимиздаги олам 1-синф. Н.Мамадинова, М.Аҳмедова. "Ўқитувчи" –Тошкент – 2019 й. 36 б.

Хулоса қилиб айтганимизда, ҳаммамиз ҳам қушларга меҳр бериб, ардоқлаб, эъзозлашимиз зарур. Шунда қушлар биздан рози бўлади.

IV. Мустаҳкамлаш:

Қуйидаги саволлар орқали янги мавзуни мустаҳкамлаймиз;

1. Қушлар ҳақида нималарни биласиз?
2. Баҳорда ўлкамизга қандай қушлар учиб келади?
3. Ҳовлимизда қандай қушлар ин қуради?
4. Қандай қушлар уча олмайди?

V. Ўқувчиларни баҳолаш, рағбатлантириш ва дарсни якунлаш:

VI. Уйга вазифа:

Гуруҳ тарбиячиси ёрдамида қушлар ҳақида ўқиб тайёрланиб келиш, қушлар ҳақида шеър ёдлаб келиш?

15-дарс: Қушларни тасвирлаш (амалий машғулот).

Дарснинг мақсади:

А) таълимий: кўришида нуқсони бўлган ўқувчиларга қушларни тасвирлашни ўргатиш ҳақида билим бериш;

Б) тарбиявий: кўришида нуқсони бўлган ўқувчиларга табиатни севиш, она Ватанга бўлган муҳаббатини уйғотиш қушларга нисбатан дўстона муносабатда бўлиш ҳамда уларни ақлий меҳнатга сафарбар этиш.

Д) ривожлантирувчи: кўришида нуқсони бўлган ўқувчиларда қушларни ташвирлаш ҳақида сезги, идрок ва тасаввурларини уйғотиш улардаги ўқув мотивациясини ошириш.

Коррекцион мақсади:

Кўришида нуқсони бўлган ўқувчиларни кўриш қобилиятини сақлаган ҳолда улардаги сезги идрокини, хотира тасаввурини ва ўқув машғулотида тўғри ўтириш кўникмаларини шакллантиришдан иборат.

Компетенция: кўришида нуқсони бўлган ўқувчиларда мавзу бўйича қуйидаги билим, кўникма ва малакалари шаклланиши лозим;

а) сезги ёрдамида қушларни тасаввур қила олиш;

б) қушларни тасвирлаш ;

д) қушлар ҳақида эркин гапира олиш;

Дарснинг тури: янги билим берувчи

Дарснинг услуби: амалий машғулот, "Овозин топ"ўйини

Дарснинг жиҳози: ўқув методик қўлланмалар, қушларнинг кичрайтирилган расмлари ва қушлар ҳақида видеолавҳа ҳамда тифлотехник воситалар.

Дарснинг бориши:

I. Ташкилий қисм:

- Саломлашиш, давоматнианиқлаш;
- Юртимизда бўлаётган янгиликлар билан қисқа таништириш

II. Ўтилган мавзуни сўраш ва мустаҳкамлаш.

Ўтилган мавзу Қушлар ва уларнинг турлари мавзусини савол жавоб услуби ёрдамида амалга оширамиз. Ўқувчиларга қушлар ва уларнинг турлари мавзусига оид қуйидаги саволларни берамиз.

1. Баҳор фаслида қандай қушлар ўлкамизга учиб келишади?
2. Сайроқи қушлар ҳақида нималарни биласиз?
3. Ҳовлимизда қандай қушлар ин қуради?
4. Қушлар ҳақида қисқа матн тузинг?

III. Янги мавзу баёни: амалий машғулот

Қушларни тасвирлаш (амалий машғулот)

Азиз ўқувчилар! Сиз билан биз ўтган дарсларимизда қушлар ва уларнинг турлари тўғрисида суҳбат олиб борган эдик. Бугунги дарсимизда қушларни сезги ва идроки орқали тасаввур қилишни ўрганамиз. Қушларни ўйинчоқ шаклидаги тасвирларидан фойдаланамиз. Мана ҳозир сизларга қалдирғоч, тутиқушларни тасвирлашга тақдим этамиз. Бу қушларни тасвирлашга ҳаракат қилинг.

Хулоса қилиб айтганимизда, ҳар доим ҳайвонлар билан яхши муносабатда бўлишингизни сўрайман. Шунда ҳайвонлар ҳам сиз ва биз билан дўстона муносабатда бўлади. Уйингиздаги уй ҳайвонларига эътибор бериб уларни парваришлашга ҳаракат қилинг.

IV. Мустаҳкамлаш:

"Овозини топ" ўйини орқали мавзуни мустаҳкамлаймиз. Ўқувчиларга ҳар хил қушларнинг овози эшиттирилади, ўқувчилар топадилар.

V. Ўқувчиларни баҳолаш, рағбатлантириш ва дарсни якунлаш:

VI. Уйга вазифа:20

Гурух тарбиячиси ёрдамида қушлар ҳақида шеър ёдлаб келиш.

16-дарс: Балиқлар ва уларнинг турлари

Дарснинг мақсади:

А) таълимий: кўришида нуқсони бўлган ўқувчиларга балиқлар ва уларнинг турлари ҳақида асосий билимларни бериш;

Б) тарбиявий: кўришида нуқсони бўлган ўқувчиларга табиатни севиш, она Ватанга бўлган муҳаббатини уйғотиш ва уларда табиат билан дўстона муносабатда бўлиш ва уларда қушлар билан дўстона муносабатда бўлиш ҳамда уларни ақлий меҳнатга сафарбар этиш.

Д) ривожлантирувчи: кўришида нуқсони бўлган ўқувчиларда балиқлар ва уларнинг турлари ҳақида тасаввурларини уйғотиш улардаги ўқув мотивациясини ошириш.

Коррекцион мақсади:

Кўришида нуқсони бўлган ўқувчиларни кўриш қобилиятини сақлаган ҳолда улардаги сезги идрокини, хотира тасаввурини ва ўқув машғулотида тўғри ўтириш кўникмаларини шакллантиришдан иборат.

Компетенция: кўришида нуқсони бўлган ўқувчиларда мавзу бўйича қуйидаги билим, кўникма ва малакалари шаклланиши лозим;

а) балиқлар ва уларнинг турлари ҳақида билиш;

б) балиқлар ва уларнинг турлари фарқлай олиш;

д) балиқлар ва уларнинг турлари ҳақида эркин гапира олиш;

Дарснинг тури: янги билим берувчи

Дарснинг услуби: суҳбат

Дарснинг жиҳози: ўқув методик қўлланмалар, балиқлар оламига оид видеолавҳа ҳамда тифлотехник воситалар.

Дарснинг бориши:

I. Ташкилий қисм:

- Саломлашиш, давоматни аниқлаш;
- Юртимизда бўлаётган янгиликлар билан қисқа таништириш

II. Ўтилган мавзуни сўраш ва мустаҳкамлаш.

Ўтилган мавзу амалий машғулот. Ўтилган мавзуни "Топган топалоқ" ўйини орқали мавзуни мустаҳкамлаймиз. Ўқувчиларга қушларга оид топишмоқлар берилади.

1. Касби доим тақир тақир,
   Қайда илон кўрса чўқир. (лайлак)

2. Орқадан келар лўк лўк,
   Бўйни калта, кўзи кўк. (бойўғли)

3. Ликинг ликинг йўрғаси бор,
   Кумуш чоқли сирғаси бор. (олашақшақ)

4. Кичкина жонивор,
   Том бошидан ўтин ташлайди. (чумчуқ)

5. Қизил қия ичида, қийма жонивор ўтирар.
   Даканасин дол қўйиб, далва жонивор ўтирар. (бедана)[7]

III. Янги мавзу баёни: суҳбат

Балиқлар ва уларнинг турлари

Азиз ўқувчилар! Бугунги дарсимизда сизга таниш бўлган балиқлар ва уларнинг турлари ҳақида суҳбат олиб борамиз. Бутун ер юзида балиқларнинг хилма хил турлари учрайди. Биз бу балиқларнинг айрим турларини истеъмол қиламиз. Шундай экан бугунги дарсимизда балиқлар ва уларнинг турлари ҳамда уларнинг табиатдаги ўрни ҳақида ҳақида фикр юритамиз.

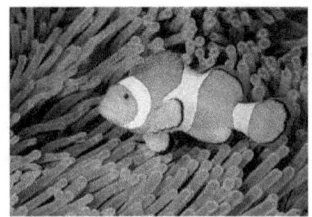  

Сувда балиқларнинг кўплаб тури ҳаёт кечиради. Йирик балиқлар, асосан,

---

[7] Ўзбек халқ топишмоқлари З.Ҳусаинова. Тошкент: Чўлпон номидаги ММИУ. 2014.: 74 б

майда балиқлар билан, майда балиқлар эса сувдаги турли майда жониворлар ва сув ўтлари билан озиқланади.

Балиқлар сувга тухум қўяди. Тухумидан майда балиқчалар чиқади. Улар тўп-тўп бўлиб ҳаёт кечиради.

Океан, денгиз ва кўлларда катта миқдорда балиқлар овланади. Балиқлардан турли озиқ-овқат маҳсулотлари тайёрланади. Балиқлар сув омборларида, сунъий кўлларда ҳам боқилади.

Балиқ маҳсулоти одам организми учун фойдали бўлган витаминларга бой. Балиқларнинг майда турлари аквариумда ҳам боқилади.[8]

Келинг болажонлар балиқларнинг қандай турларини санаймиз? Сазан, илон балиқ, килка, лаққа балиқ, дильфин. Энди катта балиқларни санаймиз. Акула, кит, кашолот.

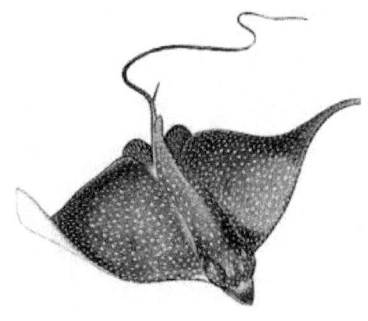

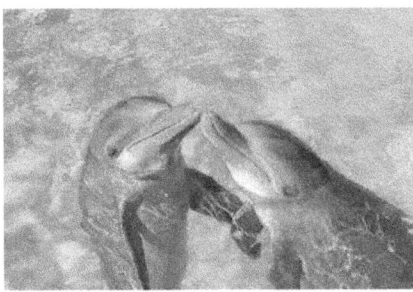

Қайси бирингиз балиқни тирик ҳолатида кўргансиз ёки ушлаб тасаввур қилгансиз. Мисол учун ҳар биримизни уйимизда онамиз сизга ёки бизга балиқ пишириб тайёрлаб беради. Бу балиқларни балиқ сатаётган махсус жойлардан олиб келиб тайёрлайди. Олиб келинаётган балиқларнинг кўпчилиги ўлик

---
[8]Табиатшунослик 3 синф –А.Бахромади, Ш.Шарипов, М.Набиева: Т.: -2019 й. Б 98

ҳолатида бўлади. Сиз бу балиқларни қўл сезгиларингиз ёрдамида ушлаб тасаввур этган бўлишингиз мумкин.

Шундай экан, балиқлар ҳам инсон учун керакли озуқа саналади. Шу сабабли ҳар биримиз балиқларни кўпайишига уларни йўқолиб кетмаслиги учун ҳаракат қилишимиз керак.

IV. Мустаҳкамлаш:

Қуйидаги саволлар орқали янги мавзуни мустаҳкамлаймиз;

1. Сувда сузадиган ва яшайдиган ҳайвонлар ҳақида нималарни биласиз?
2. Балиқлар ва уларнинг ҳақида нималарни биласиз?
3. Балиқларни инсонлар нима учун кўпайтиришади?
4. Балиқлар қандай озиқланади?
5. Балиқлар ҳақида қисқа матн тузинг?

V. Ўқувчиларни баҳолаш, рағбатлантириш ва дарсни якунлаш:

VI. Уйга вазифа:

Гурух тарбиячиси ёрдамида балиқлар ҳақида ўқиб тайёрланиб келиш?

17-дарс: Балиқларни тасвирлаш (амалий машғулот).

Дарснинг мақсади:

А) таълимий: кўришида нуқсони бўлган ўқувчиларга балиқларни тасвирлашни ўргатиш ҳақида билим бериш;

Б) тарбиявий: кўришида нуқсони бўлган ўқувчиларга табиатни севиш, она Ватанга бўлган муҳаббатини уйғотиш балиқларга нисбатан дўстона муносабатда бўлиш ҳамда уларни ақлий меҳнатга сафарбар этиш.

Д) ривожлантирувчи: кўришида нуқсони бўлган ўқувчиларда балиқларни ташвирлаш ҳақида сезги, идрок ва тасаввурларини уйғотиш улардаги ўқув мотивациясини ошириш.

Коррекцион мақсади:

Кўришида нуқсони бўлган ўқувчиларни кўриш қобилиятини сақлаган ҳолда улардаги сезги идрокини, хотира тасаввурини ва ўқув машғулотида тўғри ўтириш кўникмаларини шакллантиришдан иборат.

Компетенция: кўришида нуқсони бўлган ўқувчиларда мавзу бўйича қуйидаги билим, кўникма ва малакалари шаклланиши лозим;

а) сезги ёрдамида балиқларни тасаввур қила олиш;

б) балиқларни тасвирлаш;

д) балиқлар ҳақида эркин гапира олиш;

Дарснинг тури: янги билим берувчи

Дарснинг услуби: амалий машғулот

Дарснинг жиҳози: ўқув методик қўлланмалар, балиқларнинг кичрайтирилган расмлари ва балиқлар ҳақида видеолавҳа ҳамда тифлотехник воситалар.

Дарснинг бориши:

I. Ташкилий қисм:

- Саломлашиш, давоматнианиқлаш;
- Юртимизда бўлаётган янгиликлар билан қисқа таништириш

II. Ўтилган мавзуни сўраш ва мустаҳкамлаш.

Ўтилган мавзу балиқлар ва уларнинг турлари мавзусини кичик гуруҳларда ишлаш услуби орқали амалга оширамиз. Жамоаларни 2 гуруҳга бўлган ҳолда қуйидаги саволларни орқали билимларини текширамиз.

1. Балиқлар қаерда яшайди?
2. Балиқларни қандай турларини биласиз?
3. Қайси балиқларни истеъмол қилгансиз?
4. Балиқлардан қандай маҳсулотлар тайёрланади?
5. Балиқларнинг тузилишини таърифлаб беринг?

III. Янги мавзу баёни: Амалий машғулот

Балиқларни тасвирлаш (амалий машғулот)

Азиз ўқувчилар! Бугунги дарсимиз балиқлар ҳақидаги мавзуни амалий машғулот билан давом эттирамиз. Ўтган дарсимизда сиз азиз болалажонларга балиқлар ва уларнинг турлари ҳақида батафсил гапириб берган эдим. Бугун балиқларни тасвирлашга ҳар бир жамоа ҳаракат қилиши керак. Сазан балиғини кичрайтирилган тасвирини кўрсатаман. Ушбу балиқни қўл сезгиларнигиз ёрдамида ушлаб тасаввур этишингиз лозим. Бу балиқни тасвирлашга ҳаракат қилинг.

IV. Мустаҳкамлаш:

Қуйидаги саволлар орқали янги мавзуни мустаҳкамлаймиз;

1. Денгизларда яшовчи катта балиқларни турларини айтиб беринг?
2. Сиз жамоа бўлиб қайси балиқни тасвирладингиз?
3. Балиқлар қандай нафас олади?
4. Балиқлар ҳақида қисқа матн тузинг?

V. Ўқувчиларни баҳолаш, рағбатлантириш ва дарсни якунлаш:

VI. Уйга вазифа:

Гурух тарбиячиси ёрдамида балиқларни мустақил тасвирлашни ўрганиб келиш.

18-дарс: Ҳашаротлар ва уларнинг турлари

Дарснинг мақсади:

А) таълимий: кўришида нуқсони бўлган ўқувчиларга ҳашаротлар ва уларнинг турлари ҳақида асосий билимларни бериш;

Б) тарбиявий: кўришида нуқсони бўлган ўқувчиларга табиатни севиш, она Ватанга бўлган муҳаббатини уйғотиш ва уларда табиат билан дўстона муносабатда бўлиш ҳамда уларни ақлий меҳнатга сафарбар этиш.

Д) ривожлантирувчи: кўришида нуқсони бўлган ўқувчиларда ҳашаротлар ва уларнинг турлари ҳақида тасаввурларини уйғотиш улардаги ўқув мотивациясини ошириш.

Коррекцион мақсади:

Кўришида нуқсони бўлган ўқувчиларни кўриш қобилиятини сақлаган ҳолда улардаги сезги идрокини, хотира тасаввурини ва ўқув машғулотида тўғри ўтириш кўникмаларини шакллантиришдан иборат.

Компетенция: кўришида нуқсони бўлган ўқувчиларда мавзу бўйича қуйидаги билим, кўникма ва малакалари шаклланиши лозим;

а) ҳашаротлар ва уларнинг турлари ҳақида билиш;

б) ҳашаротлар ва уларнинг турлари фарқлай олиш;

д) ҳашаротлар ва уларнинг турлари ҳақида эркин гапира олиш;

Дарснинг тури: янги билим берувчи

Дарснинг услуби: суҳбат, тушунтириш,

Дарснинг жиҳози: ўқув методик қўлланмалар, ҳашаротларга оид видеолавҳа ҳамда тифлотехник воситалар.

Дарснинг бориши:

I. Ташкилий қисм:

- Саломлашиш, давоматни аниқлаш;
- Юртимизда бўлаётган янгиликлар билан қисқа таништириш

II. Ўтилган мавзуни сўраш ва мустаҳкамлаш.

Ўтилган мавзу амалий машғулот. Ўқувчилар навбат билан уйга вазифани бажарганларини кўрсатадилар.

"Топағон" ўйини ўтказилади. Ўқитувчи томонидан қуйидаги савол ва топишмоқлар берилади. Ким кўп жавоб топган ўқувчи "Эртак" китоб билан рағбатлантирилади.

1. Денгизда яшовчи қандай йирик балиқларни биласиз?
2. Кўлмак сувда кўз очар, Думини кўз кўзлаб қочар

   Сузади тинмай бир зум, Улғайгач у булар ким

   Бақами ёки балиқ? Ҳайрон бўлар ......(итбалиқ)
3. Қаноти бор учмайди қуруқликда юрмайди (балиқ)

III. Янги мавзу баёни: суҳбат

Ҳашоротлар ва уларнинг турлари

Азиз ўқувчилар! Бугунги мавзумиз ҳашоротлар ва уларнинг турлари ҳақида суҳбат олиб борамиз. Ер юзининг барча қисмида ҳашоротлар учрайди. Уларнинг ҳилма хил турлари мавжуд. Жумладан бизнинг юртимизда ҳам ҳашоротларнинг кўплаб турлари учрайди. Ҳашоротлар зарарли ва фойдали турларига бўлинади. Зарарли ҳашоротларга май қўнғизи, пашша, кўсак қурти ва чивинлар киради. Фойдали ҳашоротлар асаларилар, сариқарилар гулларни чанглатади. Мўл ҳосил олишга ёрдам беради. Чумолилар тупроқни юмшатиб, унумдор қилади.[9]

---
[9]Атрофимиздаги олам 2 синф. П.Ғуломов, Ш.Мирзахматова. Т.: 2018. Б.75

Энди сизларга ҳашоротлар ҳақида шеърлар ўқиб бераман. Бу шеърда қайси ҳашорот тарифланган. Шеър сўнгида сўрайман диққат билан эшитинг.

Туклиари

Хартумчаси хўп узун,

Асал йиғар уззу кун.

Гуллар арини кутар,

Келса, дарров бол тутар.

Ари

Учиб келди бир ари,

Эгнида йўл йўл зари.

Меҳмон қилсангиз дердим,

Озгина қиём ердим. [10]

Шунинг учун биз фойдали ҳашоротларнинг, қушларнинг кўпайишига ёрдам беришимиз, уларни муҳофаза қилишимиз керак.

IV. Мустаҳкамлаш:

Қуйидаги саволлар орқали янги мавзуни мустаҳкамлаймиз;

1. Ҳашоротлар ва уларниг турлари ҳақида нималарни биласиз?
2. Фойдали ҳашаротларни гапириб беринг?
3. Зарарли ҳашоротлар ҳақида нималарни биласиз?
4. Ўзингиз яшайдиган жойда учрайдиган қандай ҳашаротларни биласиз?
5. Қандай ҳашаротларни биласиз?

---

[10] Болалар учун жониворлар ҳақида энцеклопедия:\А.В.Тихонов, А.Н.Сичкар ва бошқа.- Т.: Чўлпон номидаги НМИУ 2014. - 29

6. Сайроқи қушлар ҳақида нималарни биласиз?
7. Ҳовлимизда қандай қушлар ин қуради?
8. Қушлар ҳақида қисқа матн тузинг?

V. Ўқувчиларни баҳолаш, рағбатлантириш ва дарсни якунлаш:

VI. Уйга вазифа:

Гуруҳ тарбиячиси ёрдамида ҳашаротлар ҳақида шеър ёдлаб келиш?

19-дарс: Ҳашаротларни тасвирлаш (амалий машғулот).

Дарснинг мақсади:

А) таълимий: кўришида нуқсони бўлган ўқувчиларга ҳашаротларни тасвирлашни ўргатиш ҳақида билим бериш;

Б) тарбиявий: кўришида нуқсони бўлган ўқувчиларга табиатни севиш, она Ватанга бўлган муҳаббатини уйғотиш ҳамда уларни ақлий меҳнатга сафарбар этиш.

Д) ривожлантирувчи: кўришида нуқсони бўлган ўқувчиларда ҳашаротларни ташвирлаш ҳақида сезги, идрок ва тасаввурларини уйғотиш улардаги ўқув мотивациясини ошириш.

Коррекцион мақсади:

Кўришида нуқсони бўлган ўқувчиларни кўриш қобилиятини сақлаган ҳолда улардаги сезги идрокини, хотира тасаввурини ва ўқув машғулотида тўғри ўтириш кўникмаларини шакллантиришдан иборат.

Компетенция: кўришида нуқсони бўлган ўқувчиларда мавзу бўйича қуйидаги билим, кўникма ва малакалари шаклланиши лозим;

а) сезги ёрдамида ҳашаротларни тасаввур қила олиш;

б) ҳашаротларни тасвирлаш ;

д) ҳашаротлар ҳақида эркин гапира олиш;

Дарснинг тури: янги билим берувчи

Дарснинг услуби: амалий машғулот

Дарснинг жиҳози: ўқув методик қўлланмалар, капалакларнинг кичрайтирилган расмлари ва ҳашаротлар ҳақида видеолавҳа ҳамда тифлотехник воситалар.

Дарснинг бориши:

I. Ташкилий қисм:

- Саломлашиш, давоматнианиқлаш;
- Юртимизда бўлаётган янгиликлар билан қисқа таништириш

II. Ўтилган мавзуни сўраш ва мустаҳкамлаш.

Ўтилган мавзу Ҳашаротлар ва уларнинг турлари мавзусини савол ва топишмоқлар ёрдамида амалга оширамиз.

III. Янги мавзу баёни: амалий машғулот

Ҳашаротларни тасвирлаш (амалий машғулот)

Азиз болажонлар! Сиз билан биз ўтган дарсларимизда ҳашаротлар ва уларнинг турлари тўғрисида суҳбат олиб борган эдик. Бугун биз ҳашаротларни тасвирлашга ҳаракат қиламиз. Ўтган бдарсимизда таъкидлаганимиздек ҳашаротларнинг хилма хил турлари мавжуд. Бугун сизларга капалак тасвирини синфда бажаришингизни топшираман. Ҳашаротлар орасида фақат капалакларда ажойиб расмли тўртта ёрқин қанот бўлади.

Ундан аввал сизларга яна бир ҳашарот ҳақида шеър ўқиб бераман.

Шеърда қайси ҳашарот тасвирланганини айтиб берасиз. Диққат билан эшитинг.

Ниначи

Ниначининг кўзи кўп,

Деманг, учадиган чўп.
Кўзлари катта катта,
Фонус дейсиз албатта.

Дарсимиз сўнгида чумоли ҳақида ривоят айтиб бераман. Диққат билан эшитинг.

Алишер Навоий бир анжумандан турибоқ уйи томонга шошилиб кетибди. Кейин дўстлари ул зотдан бунинг сабабини сўрабдилар. Алишер Навоий жавоб берибди: "Йўл йўлакай бир чумоли кийимимга илашиб, мен билан бирга келиб қолган экан. Бечора ватанидан айрилиб қолибдику, деб ўз маконига олиб бориб қўймоқчи бўлдим. Шошилганимнинг боиси шу эди".[11] Ушбу ривоятдан хулоса чиқарадиган бўсак, ҳар биримиз ҳашоротларга озор бермослигимиз уларни ўлдирмаслигимиз лозим. Шунда ҳашоротларни асраб авайлаган бўламиз.

IV. Мустаҳкамлаш:

Мавзуни "Давом эттир" ўйини орқали мустаҳкамлаймиз. Ўйинда ўқувчилар ҳашоротларнинг номини кетма кет айтадилар. Ҳашорот номини айтолмаган ўқувчи ўйиндан чиқади. Охирида ғолиб бўлган ўқувчи рағбатлантирилади.

V. Ўқувчиларни баҳолаш, рағбатлантириш ва дарсни якунлаш:

VI. Уйга вазифа:

Гурух тарбиячиси ёрдамида ҳашоротлар мавзусини ўқиб тайёрланиб келиш.

---

[11] Ватан туйғуси 5 синф. Х.султонов, М.Қаршибоев. Т.: "Маънавият" 2015. Б 22

20-дарс: Мактаб ва офис мебеллари

Дарснинг мақсади:

А) таълимий: кўришида нуқсони бўлган ўқувчиларга мактаб ва офис мебеллари ҳақида асосий билимларни бериш;

Б) тарбиявий: кўришида нуқсони бўлган ўқувчиларга табиатни севиш, она Ватанга бўлган муҳаббатини уйғотиш ва уларни ақлий меҳнатга сафарбар этиш.

Д) ривожлантирувчи: кўришида нуқсони бўлган ўқувчиларда мактаб ва офис мебеллари ҳақида тасаввурларини уйғотиш улардаги ўқув мотивациясини ошириш.

Коррекцион мақсади:

Кўришида нуқсони бўлган ўқувчиларни кўриш қобилиятини сақлаган ҳолда улардаги сезги идрокини, хотира тасаввурини ва ўқув машғулотида тўғри ўтириш кўникмаларини шакллантиришдан иборат.

Компетенция: кўришида нуқсони бўлган ўқувчиларда мавзу бўйича қуйидаги билим, кўникма ва малакалари шаклланиши лозим;

а) мактаб ва офис мебеллари ҳақида билиш;

б) мактаб ва офис мебелларини фарқлай олиш;

д) мактаб ва офис мебеллари ҳақида эркин гапира олиш;

Дарснинг тури: янги билим берувчи

Дарснинг услуби: суҳбат

Дарснинг жиҳози: ўқув методик қўлланмалар, мебелларга оид видеолавҳа ҳамда тифлотехник воситалар.

Дарснинг бориши:

I. Ташкилий қисм:

- Саломлашиш, давоматни аниқлаш;
- Юртимизда бўлаётган янгиликлар билан қисқа таништириш

II. Ўтилган мавзуни сўраш ва мустаҳкамлаш.

Ўтилган мавзу амалий машғулот. Савол жавоб услуби ёрдамида амалга оширамиз. Ўқувчиларга ҳашоротлар мавзусига оид саволлар берилади.

1. Чумоли ҳақидаги ривоятни айтиб беринг?
2. Зарарли ҳашоротларга қайси ҳашаротлар киради?
3. Капалаклар ҳақида нималарни биласиз?
4. Фойдали ҳашаротлар қайсилар?

III. Янги мавзу баёни: суҳбат, тушунтириш

Мактаб ва офис мебеллари

Азиз ўқувчилар! Бугун сизларга янги мавзу мактаб ва офис мебеллари ҳақида гапириб бераман. Ҳозир сиз таълим олаётган мактабимизда бир қанча мактаб мебеллари бор. Жумладан, сиз ўқиётган синфда ҳам бир қанча синф жиҳозлари жойлашган. Ким айтади, синф жиҳозларига нималар киради? Синф жиҳозларига ўқувчи партаси ва стули, ўқитувчи столи ва стули, китоб жавони, кийим жавони ва шунга ўхшаш бир қанча жиҳозлар мавжуд.

Сиз ҳар дақиқа фойдаланиб турган ўқув партангиз ёзиш учун мўлжалланган. Ўтирган стулингиз эса сиз парта ёнида ўтиришингиз учун мўлжалланган. Синфдаги китоб жавонида ўқув дарсликлари ва эртак китоблар жойлаштирилади. Кийим жавонида эса синф ўқувчиларининг кийимлари илиб қўйилади.

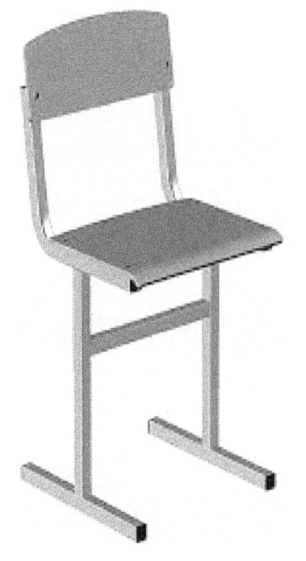 

Демак синф жиҳозлари сизга ниҳоят̆да таниш бўлаб бу жиҳозлардан ҳар куни фойдаланасиз. Энди сизларга офис ўзбек тилида айтганда идора ёки ташкилот мебеллари ҳақида гапириб бераман. Офис мебелларига, стол, стул, турли хил шкафлар диван, кресло ва шунга ўхшаш жиҳозлар киради.

Биргина мисол: офис столини кўплаб турларга бўлишимиз мумкин. Ёзув столи, компьютер столи, хужжатлар столи ва бошқа турларга ажратиш мумкин. Шу ўринда бир савол туғилади, ушбу мебеллар қайси материаллардан тайёрланади. Масалан: сиз ҳар куни фойдаланаётан ўқувчи партаси ва стули ёғоч буюмларидан қайта ишланган ҳолда турли хил безаклар берилиб ундан турли туман мебел жиҳозларини яратиш мумкин. Сиз ҳар доим синф жиҳозларига эҳтиёткорона муносабатда бўлиб ҳқувчи партаси ва стули китоб ва кийим жавонларини асраб авайлашингиз лозим. Негаки, бу буюмлар мактабимиз мулки ҳисобланади. Келгуси авлодларга яъни сиздан кейин ўқиши мумкин бўлган болаларга эҳтиёткорона етказишимиз керак.

IV. Мустаҳкамлаш:

Қуйидаги саволлар орқали янги мавзуни мустаҳкамлаймиз;

1. Мактаб мебеллари ҳақида нималарни биласиз ва уларга мисоллар келтиринг?
2. Мактаб мебелларини қандай асрашимиз керак?
3. Офис мебеллари ҳақида нималарни биласиз ва уларга мисоллар келтиринг?
4. Мактаб ва офис мебеллари ҳақида қисқа матн тузинг?

V. Ўқувчиларни баҳолаш, рағбатлантириш ва дарсни якунлаш:

VI. Уйга вазифа:

Гурух тарбиячиси ёрдамида мактаб ва офис мебеллари ҳақида ўқиб тайёрлан матн тузиб келиш.

21-дарс: Ошхона жиҳозлари ва меҳмонхона мебеллари

Дарснинг мақсади:

А) таълимий: кўришида нуқсони бўлган ўқувчиларга ошхона ва меҳмонхона мебеллари ҳақида асосий билимларни бериш;

Б) тарбиявий: кўришида нуқсони бўлган ўқувчиларга табиатни севиш, она Ватанга бўлган муҳаббатини уйғотиш уларни ақлий меҳнатга сафарбар этиш.

Д) ривожлантирувчи: кўришида нуқсони бўлган ўқувчиларда ошхона ва меҳмонхона мебеллари ҳақида тасаввурларини уйғотиш улардаги ўқув мотивациясини ошириш.

Коррекцион мақсади:

Кўришида нуқсони бўлган ўқувчиларни кўриш қобилиятини сақлаган ҳолда улардаги сезги идрокини, хотира тасаввурини ва ўқув машғулотида тўғри ўтириш кўникмаларини шакллантиришдан иборат.

Компетенция: кўришида нуқсони бўлган ўқувчиларда мавзу бўйича қуйидаги билим, кўникма ва малакалари шаклланиши лозим;

а) ошхона ва меҳмонхона мебеллари ҳақида билиш;

б) ошхона ва меҳмонхона мебелларини фарқлай олиш;

д) ошхона ва меҳмонхона мебеллари ҳақида эркин гапира олиш;

Дарснинг тури: янги билим берувчи

Дарснинг услуби: суҳбат

Дарснинг жиҳози: ўқув методик қўлланмалар, ошхона ва меҳмонхона мебелларига оид видеолавҳа ҳамда тифлотехник воситалар.

Дарснинг бориши:

I. Ташкилий қисм:

- Саломлашиш, давоматни аниқлаш;
- Юртимизда бўлаётган янгиликлар билан қисқа таништириш

II. Ўтилган мавзуни сўраш ва мустаҳкамлаш.

Ўтилган мавзу мактаб ва офис мебеллари. Савол жавоб услуби ёрдамида амалга оширамиз. Ўқувчиларга мактаб ва офис мебеллари мавзусига оид саволлар берилади.

1. Мактаб мебелларни санаб беринг?
2. Офис мебелларини санаб беринг?

III. Янги мавзу баёни: суҳбат

Ошхона ва меҳмонхона мебеллари

Азиз ўқувчилар! Ўтган дарсимизда мебеллар ҳақидаги дарсимизни бошлаган эдик. Ўтган мавзу давоми сифатида ошхона ва меҳмонхона мебеллари тўғрисида сиз билан суҳбат олиб борамиз.

Сиз учун таниш бўлган ҳар куни фойдаланиладиган ошхона жиҳозларини барчамиз биламиз. Ошхона жиҳозларига ошхона столи ва стули, идиш товоқлар учун стол ва шкаф ва бошқалар. Ошхона мебелларини фақатгина ошхона учун фойдаланиш мумкин. Ушбу мебеллар ҳам ёғоч буюмларидан ишланиб ниҳоятда чиройли мустаҳкам ва пухта ишланган ҳолда яратилади. Ошхона столи ёрдамида турли хил озиқ-овқатларни тайёрлашда фойдаланилади. Ошхона шкафлари кетма-кетликда жойлашган бўлиб, шкафнинг ҳар бир токчасида ошхона идишлари бир қатор қилиб жойлаштирилади. Ошхона мебеллари орқали ошхонамиз тартибли ва озода сақланади. Сизнинг уйингизда, мактабимиз ошхонасида мебелларини учратишимиз мумкин.

Барчамизнинг уйимизда меҳмон кутиб олиш учун меҳмонхоналар бор. меҳмонхона мебелларига диван креcло, хонтахта, турли хил ойнали жавонлар ҳамда меҳмонлар учун мўлжалланган стол ва стуллар бор. Меҳмонхона мебеллари бошқа мебелларга қараганда ниҳоятда чиройли ва қулай бўлиши керак. Ушбу мебеллар ҳам ёғоч материаллардан тайёрланади ҳамда улар турли хил рангларда бўлади.

Ҳозир сизларга ошхона ва меҳмонхона мебелларига оид видео лавҳа тақдим этаман. Диққат билан эшитинг.

Мавзуни якунлар эканмиз, мебеллар бизнинг ҳаётимизда муҳим ўрин тутишини кўриб чиқдик. Ушбу мебеллар ошхона ва меҳмонхонамизни тартибли ва чиройли бўлишида ёрдам беради.

IV. Мустаҳкамлаш:

Қуйидаги саволлар орқали янги мавзуни мустаҳкамлаймиз;
1. Ошхона мебеллари ҳақида нималарни биласиз?
2. Меҳмонхона мебеллари ҳақида нималарни?
3. Ошхона ва меҳмонхона мебеллари ҳақида нималарни биласиз?
4. Ошхона ва меҳмонхона мебеллари ҳақида қисқа матн тузинг?
5. Мебеллари қандай материаллардан тайёрланади?
6. Мебеллар нима учун фойдаланамиз?

V. Ўқувчиларни баҳолаш, рағбатлантириш ва дарсни якунлаш:

VI. Уйга вазифа:

Гуруҳ тарбиячиси ёрдамида ошхона ва меҳмонхона мебеллари ўқиб тайёрланиб келиш.

22-дарс: Мебелларни тасвирлаш (амалий машғулот).

Дарснинг мақсади:

А) таълимий: кўришида нуқсони бўлган ўқувчиларга мебелларни тасвирлашни ўргатиш ҳақида билим бериш;

Б) тарбиявий: кўришида нуқсони бўлган ўқувчиларга табиатни севиш, она Ватанга бўлган муҳаббатини уйғотиш ҳамда уларни ақлий меҳнатга сафарбар этиш.

Д) ривожлантирувчи: кўришида нуқсони бўлган ўқувчиларда мебелларни тасвирлаш ҳақида сезги, идрок ва тасаввурларини уйғотиш улардаги ўқув мотивациясини ошириш.

Коррекцион мақсади:

Кўришида нуқсони бўлган ўқувчиларни кўриш қобилиятини сақлаган ҳолда улардаги сезги идрокини, хотира тасаввурини ва ўқув машғулотида тўғри ўтириш кўникмаларини шакллантиришдан иборат.

Компетенция: кўришида нуқсони бўлган ўқувчиларда мавзу бўйича қуйидаги билим, кўникма ва малакалари шаклланиши лозим;

а) сезги ёрдамида мебелларни тасаввур қила олиш;

б) мебелларни тасвирлаш ;

д) мебеллар ҳақида эркин гапира олиш;

Дарснинг тури: янги билим берувчи

Дарснинг услуби: амалий машғулот

Дарснинг жиҳози: ўқув методик қўлланмалар, мебелларнинг кичрайтирилган расмлари ва мебеллар ҳақида видеолавҳа ҳамда тифлотехник воситалар.

Дарснинг бориши:

I. Ташкилий қисм:

- Саломлашиш, давоматнианиқлаш;
- Юртимизда бўлаётган янгиликлар билан қисқа таништириш

II. Ўтилган мавзуни сўраш ва мустаҳкамлаш.

Ўтилган мавзу ошхона ва меҳмонхона мебеллари мавзусини "Мебелларни топ" стол устига мебелларнинг кичрайтирилган турли хил шаклларидан намуналар кўрсатилади. Ўкувчилар қўл сезгилари ёрдамида мебелларни номини топиб унга тариф берадилар. Мебелларни тўғри топган ўқувчи рағбатлантирилади.

Мебеллар қандай воситалардан тайёрланади?

Мебеллар нима учун керак бўлади?

III. Янги мавзу баёни: амалий машғулот

Мебелларни тасвирлаш (амалий машғулот)

Азиз ўкувчилар! Сиз билан биз ўтган дарсларимизда ошхона ва меҳмонхона мебеллари ҳақида суҳбат олиб борган эдик. Бугунги дарсимизда мебеллари сезги ва идроки орқали тасаввур қилишни ўрганамиз. Мебелларни ўйинчоқ шаклидаги тасвирларидан фойдаланамиз. Мана ҳозир сизларга стул, шкаф, столларни тасвирлашга тақдим этамиз. Бу мебелларни тасвирлашга ҳаракат қилинг.

Ўкувчилар кичик гуруҳларга бўлинган ҳолда 1 жамоага мактаб ва офис мебеллари, 2 жамоага ошхона ва меҳмонхона мебелларини тасвирлаш топширилади. Бу жараёнда мебелларнинг кичрайтирилган тасвири ўргатилади.

Дарсимиз сўнгида сиз билан биз мебеллар ҳақида етарлича гаплашиб олдик. Келгусида сиз ҳам мебелларни асраб авайлашингиз мактаб мебелларини ардоқлашингиз кераклигини билиб олдингиз.

Oshxona mebellari

Mehmonxona mebellari

IV. Мустаҳкамлаш:

1. Мактаб ва офис мебелларини қайси бирини тасвирладингиз?

2. Мактаб ва офис мебелларини шаклини тузилишини қўл сезгиларингиз ёрдамида тушунтириб беринг?

3. Ошхона ва меҳмонхона мебелларини қайси бирини жамоагиз билан

тасвирладингиз?

4. Ошхона мебелларидан қайси бири ҳақида гапириб берасиз?

V. Ўқувчиларни баҳолаш, рағбатлантириш ва дарсни якунлаш:

VI. Уйга вазифа:

Гуруҳ тарбиячиси ёрдамида мебелларга оид матн тузиб келиш.

23-дарс: Идиш-товоқ турлари

Дарснинг мақсади:

А) таълимий: кўришида нуқсони бўлган ўқувчиларга идиш-товоқ турлари ҳақида асосий билимларни бериш;

Б) тарбиявий: кўришида нуқсони бўлган ўқувчиларга табиатни севиш, она Ватанга бўлган муҳаббатини уйғотиш ва уларни ақлий меҳнатга сафарбар этиш.

Д) ривожлантирувчи: кўришида нуқсони бўлган ўқувчиларда идиш-товоқ турлари ҳақида тасаввурларини уйғотиш улардаги ўқув мотивациясини ошириш.

Коррекцион мақсади:

Кўришида нуқсони бўлган ўқувчиларни кўриш қобилиятини сақлаган ҳолда улардаги сезги идрокини, хотира тасаввурини ва ўқув машғулотида тўғри ўтириш кўникмаларини шакллантиришдан иборат.

Компетенция: кўришида нуқсони бўлган ўқувчиларда мавзу бўйича қуйидаги билим, кўникма ва малакалари шаклланиши лозим;

а) идиш-товоқ турлари ҳақида билиш;

б) идиш-товоқ турларини фарқлай олиш;

д) идиш-товоқ турлари ҳақида эркин гапира олиш;

Дарснинг тури: янги билим берувчи

Дарснинг услуби: суҳбат, тушунтириш

Дарснинг жиҳози: ўқув методик қўлланмалар, идиш товоқларга оид видеолавҳа ҳамда тифлотехник воситалар.

Дарснинг бориши:

I. Ташкилий қисм:

- Саломлашиш, давоматни аниқлаш;
- Юртимизда бўлаётган янгиликлар билан қисқа таништириш

II. Ўтилган мавзуни сўраш ва мустаҳкамлаш.

Ўтилган мавзу амалий машғулот. Мебелларга оид қисқа матнни ўқувчилар ўқиб эшиттирадилар. Ўқитувчи ўқувчиларнинг жавобларини умумлаштириб

камчиликларни бартараф этиб мавзуга оид якуний хулосаларни беради.
1. Ошхона мебелларини айтиб беринг?
2. Меҳмонхона мебелларини айтиб беринг?

III. Янги мавзу баёни: суҳбат

Идиш-товоқ турлари

Азиз ўқувчилар! Бугунги дарсимизда идиш товоқ ва уларнинг турлари ҳақида суҳбат олиб борамиз. Эсингизда бўлса, бундан аввалги дарсларимизда ошхона мебеллари ҳақида сиз билан биз гаплашган эдик. Ошхона идишлари инсон учун ниҳоятда керакли воситалар ҳисобланади. Тарихдан бизга маълумки, олдинги даврда яшаган инсонлар лойдан, мисдан, кумушдан, алюминийдан ва бир қанча шундай моддаларнинг аралашмасидан идиш товоқлар тайёрлашган. Мисол учун сизга таниш бўлган сопол пиёлалар, чинни пиёлаларни айтишимиз мумкин. Ушбу пиёлаларни сопол ёки чиннидан тайёрланганлигини қўл сезгиларингиз ёрдамида пиёлани ушлаган ҳолда тасаввур этишингиз мумкин. Идишлар ва уларнинг турларига қозон, чойнак, лаган, товоқ, коса, пиёла, шулар жумласидандир.

Ошхона идишларининг ўзига хос вазифалари бор. масалан: пиёла билан чой ичамиз, коса орқали эса суюқ овқатларни истъмол қиламиз. Мактабимиз ошхонасида ҳам юқорида кўрсатиб ўтилган ошхона идишлари бор. Ҳар кун бу идишлардан сиз ва биз фойдаланамиз. Ҳозир сизларга ошхона идишлари ҳақида видеолавҳа тақдим этаман. Диққат билан эътибор беринг.

Шундай қилиб ошхона идишлари бизнинг ҳаётимизда муҳим саналади. Ҳар биримиз уйимиздаги ва мактабимиз ошхонасидаги идишларни эҳтиёт қилиб авайлаб асрашимиз лозим.

IV. Мустаҳкамлаш:

Қуйидаги саволлар орқали янги мавзуни мустаҳкамлаймиз;

1. Ошхона идишлари ҳақида нималарни биласиз?
2. Идишлар қанақа материаллардан тайёрланади?
3. Ошхона идишларининг турларини санаб беринг?

V. Ўқувчиларни баҳолаш, рағбатлантириш ва дарсни якунлаш:

1. ўзи катта кичикка эгилади (чойнак)
2. оналари токчадан тушса, болалари югуриб келади (пиёла)
3. ўзи битта қулоғи тўртта (қозон)

VI. Уйга вазифа:

Гурух тарбиячиси ёрдамида ошхона идишлари ҳақида билиб келиш.

24-дарс: Ошхона анжомлари

Дарснинг мақсади:

А) таълимий: кўришида нуқсони бўлган ўқувчиларга ошхона анжомлари ҳақида асосий билимларни бериш;

Б) тарбиявий: кўришида нуқсони бўлган ўқувчиларга табиатни севиш, она Ватанга бўлган муҳаббатини уйғотиш ва уларни ақлий меҳнатга сафарбар этиш.

Д) ривожлантирувчи: кўришида нуқсони бўлган ўқувчиларда ошхона анжомлари ҳақидаги тасаввурларини уйғотиш улардаги ўқув мотивациясини ошириш.

Коррекцион мақсади:

Кўришида нуқсони бўлган ўқувчиларни кўриш қобилиятини сақлаган ҳолда улардаги сезги идрокини, хотира тасаввурини ва ўқув машғулотида тўғри ўтириш кўникмаларини шакллантиришдан иборат.

Компетенция: кўришида нуқсони бўлган ўқувчиларда мавзу бўйича қуйидаги билим, кўникма ва малакалари шаклланиши лозим;

а) ошхона анжомлари ҳақида билиш;

б) ошхона анжомларини фарқлай олиш;

д) ошхона анжомлари ҳақида эркин гапира олиш;

Дарснинг тури: янги билим берувчи

Дарснинг услуби: суҳбат, тушунтириш, "Домино ўйини"

Дарснинг жиҳози: ўқув методик қўлланмалар, ошхона анжомларига оид видеолавҳа ҳамда тифлотехник воситалар.

Дарснинг бориши:

I. Ташкилий қисм:

- Саломлашиш, давоматни аниқлаш;
- Юртимизда бўлаётган янгиликлар билан қисқа таништириш

II. Ўтилган мавзуни сўраш ва мустаҳкамлаш.

Ўтилган мавзу идиш-товоқ турлари. Савол-жавоб услуби ёрдамида амалга оширамиз. Ўқувчиларга идиш товоқлар мавзусига оид саволлар берилади.

1. Қандай идиш-товоқ турларини биласиз?
2. Ошхона идишларига оид қисқа матн тузинг?

III. Янги мавзу баёни: суҳбат

Ошхона анжомлари

Бугунги дарсимиз ўтган дарсимизнинг давоми сифатида ошхона анжомлари тўғрисида суҳбат олиб борамиз. Қани ким айтади – ошхона анжомларига нималар киради. Ошхона анжомларига овқат тайёрлаш учун ёрдам берувчи воситалар пичоқ, қирғич, тахтача, ўқлов, элак, бонка очқич, бонка ёпқич, қошиқ, санчқи, чўмич, капгир ва бошқалар.

Ошхона анжомлари ниҳоятда кўп ва хилма-хил бўлиб уларнинг айримлари ҳақида тўхталиб ўтамиз.

Тап тап этади

Тагидан карвон ўтади. (элак)

Ўзи битта кўзи мингта (элак)

Қўлимда ошхона анжомларидан бири элакни сизга кўрсатаман. Элак орқали нима қиламиз ким айтади? элак бизга унни тозалашга ёрдам беради.

Элак доира шаклида бўлиб унинг орқа қисмида жуда ҳам майда тешиклари бор, бу тешикчалар орқали ун эланади.

Яна бир ошхона анжомларидан бири тахтачани кўрсатаман. Бу тахтача ёрдамида турли хил масалликларни тўғрашда ишлатилади. Тахтача ёғоч материалларидан тайёрланади.

Хулоса қилиб айтганимизда, ошхона анжомлари инсон учун керакли воситалар ҳисобланади. Ошхона анжомларидан тўғри фойдаланишимиз керак.

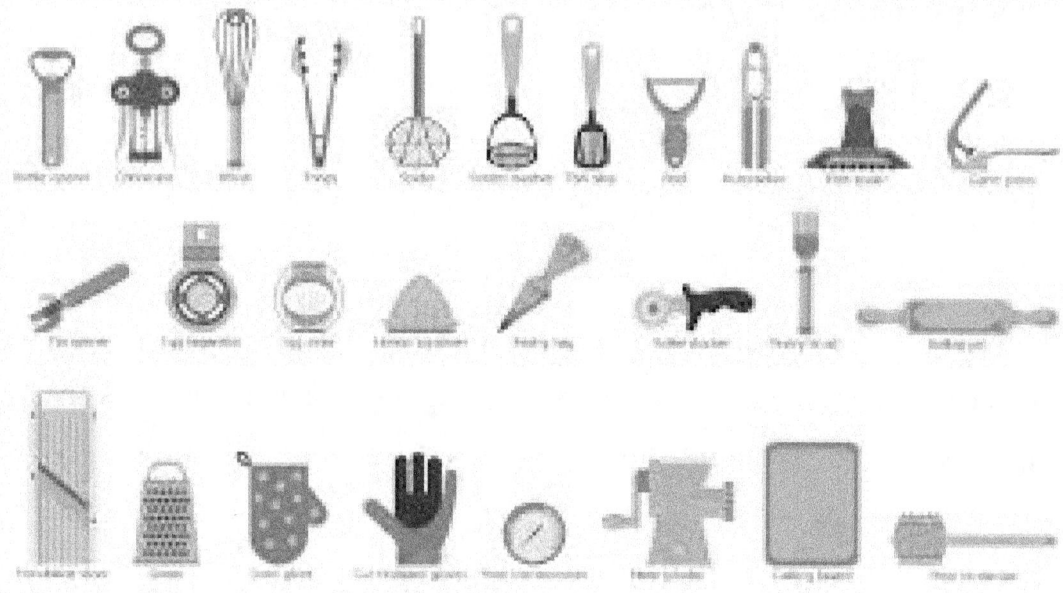

IV. Мустаҳкамлаш:

Қуйидаги саволлар орқали янги мавзуни мустаҳкамлаймиз;

1. Ошхона анжомлари ҳақида нималарни биласиз?
2. Ошхона анжомларига нималар киради?
3. Элак орқали нима иш қиламиз?
4. Тахтача орқаличи?

V. Ўқувчиларни баҳолаш, рағбатлантириш ва дарсни якунлаш:

"Домино" ўйини орқали ошхона анжомларидан ўқитувчи томонидан мисол келтирилади. Ўқувчилар айтилган ошхона анжомига тариф берадилар.

VI. Уйга вазифа:

Гурух тарбиячиси ёрдамида ошхона анжомлари ҳақида қисқа матн тузиб келиш.

25-дарс: Ошхона анжомларини тасвирлаш (амалий машғулот).

Дарснинг мақсади:

А) таълимий: кўришида нуқсони бўлган ўқувчиларга ошхона анжомларини тасвирлашни ўргатиш ҳақида билим бериш;

Б) тарбиявий: кўришида нуқсони бўлган ўқувчиларга табиатни севиш, она Ватанга бўлган муҳаббатини уйғотиш ҳамда уларни ақлий меҳнатга сафарбар этиш.

Д) ривожлантирувчи: кўришида нуқсони бўлган ўқувчиларда ошхона анжомлар тасвирлаш ҳақида сезги, идрок ва тасаввурларини уйғотиш улардаги ўқув мотивациясини ошириш.

Коррекцион мақсади:

Кўришида нуқсони бўлган ўқувчиларни кўриш қобилиятини сақлаган ҳолда улардаги сезги идрокини, хотира тасаввурини ва ўқув машғулотида тўғри ўтириш кўникмаларини шакллантиришдан иборат.

Компетенция: кўришида нуқсони бўлган ўқувчиларда мавзу бўйича қуйидаги билим, кўникма ва малакалари шаклланиши лозим;

а) сезги ёрдамида ошхона анжомларини тасаввур қила олиш;

б) ошхона анжомларини тасвирлаш;

д) ошхона анжомлари ҳақида эркин гапира олиши;

Дарснинг тури: янги билим берувчи

Дарснинг услуби: амалий машғулот

Дарснинг жиҳози: ўқув методик қўлланмалар, ошхона анжомларининг кичрайтирилган расмлари ва ошхона анжомлари ҳақида видеолавҳа ҳамда тифлотехник воситалар.

Дарснинг бориши:

I. Ташкилий қисм:

- Саломлашиш, давоматнианиқлаш;
- Юртимизда бўлаётган янгиликлар билан қисқа таништириш

II. Ўтилган мавзуни сўраш ва мустаҳкамлаш.

Ўтилган мавзу ошхона анжомлари мавзусини кичик гурухларда ишлаш методи "Ўйла изла топ" ўйини ёрдамида амалга оширамиз. Ўқувчиларга ошхона идишлари ва анжомларидан намуналар тақдим этилади. Ўқувчилар қўл сезгилари ёрдамида ошхона идишлари ва анжомларини топадилар.

III. Янги мавзу баёни: амалий машғулот

Ошхона идишлари ва анжомларини тасвирлаш (амалий машғулот)

Азиз ўқувчилар! Бугунги дарсимизда ошхона идишлари ва анжомларини тасвирлашни амалга оширамиз. Ҳар бир жамоа ошхона идишлари ва анжомларидан пластилин ёрдамида ҳар бир жамоанинг бар нафар аъзоси бир донадан исталган ошхона идиши ёки ошхона анжомларини ясайди.

Хулоса қилиб айтганимизда, ошхона идишлари ва ошхона анжомларига оид мавзуни якунлар эканмиз ошхона идишлари ва ошхона анжомларини қанақа восита эканлигини билиб олдингиз. Шундай экан, ошхона идишлари ва ошхона анжомларини асраб авайлашимиз ҳамда уларни синдирмасдан ишлатишимиз лозим бўлади.

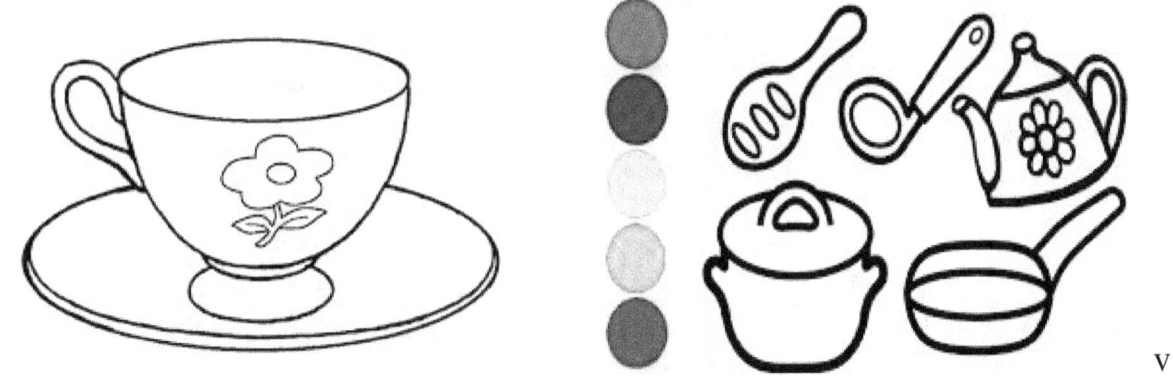

V

IV. Мустаҳкамлаш:

Қуйидаги саволлар орқали мавзуни мустаҳкамлаймиз.
1. ошхона идишларига нималар киради?
2. ошхона анжомларини санаб беринг?
3. Бир жамоа бўлиб нечта ошхона идишларини тасвирладингиз?

V. Ўқувчиларни баҳолаш, рағбатлантириш ва дарсни якунлаш:

Дарс хулосаланиб, фаол қатнашган ўқувчилар баҳоланади.

VI. Уйга вазифа:

Гурух тарбиячиси ёрдамида ошхона идишлари ва ошхона анжомларидан расм чизиб келиш.

26-дарс: Кийим-кечак турлари (иш, спорт, байрам ва кечки либослар)

Дарснинг мақсади:

А) таълимий: кўришида нуқсони бўлган ўқувчиларга кийим-кечак турлари (иш, спорт, байрам ва кечки либослар) ҳақида асосий билимларни бериш;

Б) тарбиявий: кўришида нуқсони бўлган ўқувчиларга табиатни севиш, она Ватанга бўлган муҳаббатини уйғотиш ва уларни ақлий меҳнатга сафарбар этиш.

Д) ривожлантирувчи: кўришида нуқсони бўлган ўқувчиларда кийим-кечак турлари ҳақида тасаввурларини уйғотиш улардаги ўқув мотивациясини ошириш.

Коррекцион мақсади:

Кўришида нуқсони бўлган ўқувчиларни кўриш қобилиятини сақлаган ҳолда улардаги сезги идрокини, хотира тасаввурини ва ўқув машғулотида тўғри ўтириш кўникмаларини шакллантиришдан иборат.

Компетенция: кўришида нуқсони бўлган ўқувчиларда мавзу бўйича қуйидаги билим, кўникма ва малакалари шаклланиши лозим;

а) кийим-кечак турлари ҳақида билиш;

б) кийим-кечак турларини фарқлай олиш;

д) кийим-кечак турлари ҳақида эркин гапира олиш;

Дарснинг тури: янги билим берувчи

Дарснинг услуби: суҳбат, тушунтириш

Дарснинг жиҳози: ўқув методик қўлланмалар, кийим-кечак турларига оид суратлар ҳамда тифлотехник воситалар.

Дарснинг бориши:

I. Ташкилий қисм:

- Саломлашиш, давоматни аниқлаш;
- Юртимизда бўлаётган янгиликлар билан қисқа таништириш

II. Ўтилган мавзуни сўраш ва мустаҳкамлаш.

Ўтилган мавзу амалий машғулот. Савол жавоб услуби ёрдамида амалга оширамиз. Ўқувчиларга ошхона идишлари ва анжомлари ҳақида саволлар берилади.

1. Ошхона идишларидан қандай фойдаланамиз?
2. Ошхона анжомлари ва идишларини фарқини айтинг?
3. Элак қандай ишларни бажаради?
4. Тахтача орқалини ишларни бажарамиз?

"Таъриф бўйича топ" ўйини орқали мавзуни мустаҳкамлаймиз.

Ўқувчилар 2 гуруҳга бўлиниб ўқитувчи томонидан айтилаётган идишларнинг таърифига кўра номини топадилар.

III. Янги мавзу баёни: суҳбат, тушунтириш услуби

Кийим-кечак турлари (иш, спорт, байрам ва кечки либослар)

Азиз ўқувчилар! Бугунги мавзумиз барчамиз учун таниш бўлган кийим-кечаклар ва уларнинг турлари ҳақида суҳбат олиб борамиз. Кийим-кечакларнинг тарихи узоқ-узоқларга бориб тақалади. Инсонлар ўзлари учун турли хил матолардан кийим кечаклар тайёрлаганлар. бу кийим кечакларни қўл меҳнати ёрдамида тайёрлаб кийганлар.

Бугунги кунга келиб, кийим кечакларнинг хилма хил кўринишлари ва турлари пайдо бўлди. Ҳозирда кийим кечакларни тайёрлаш унчалик ҳам қийин эмас, негаки тикув машиналари орқали хилма хил кийимларни тез фурсатларда тайёрлашимиз мумкин.

Кийим кечаклар инсонни ташқи гўзаллигини очиб уни иссиқдан, совуқдан, чанг ва бошқа ҳолатлардан асраб туради. Кийим-кечакларни қуйидаги турлари

бор.
1. Иш кийимлари: оқ куйлак, қора костюм шим. Аёллар учун оқ кофта кора юбка.
2. Спорт кийимлари: спорт формалари, футболка ва спортивка
3. Байрам либослари: зарли турли хил безаклардан ишланган узун куйлаклар,
4. Уй кийимлари: ҳар доим ишдан ёки мактаб сўнг кийиладиган ҳар томонлама қулай бўлган кийим кечакларни айтишимиз мумкин:

Мана сиз эрталабки дарс жараёнида мактаб формасида кийиниб келасиз. Дарсдан сўнг ёки кечки пайтларда ўзингизга қулай бўлган турли хил рангдаги кийимларни ийишингиз мумкин. Кийим кечаклар инсон учун ниҳоятда қулай ҳаракатланишга ёрдам берадиган ўзига ярашган тоза кийимлар бўлиши лозим. Шунда атрофдагилар унга яхши эътибор беради. Энг муҳими озода кийиниш керак.

Хулоса қилиб айтганда, инсонни ташқи гўзаллигини юриш туришни тартибга солувчи воситалардир. Шундай экан ҳар биримиз ўзимизга қулай бўлган ва ярашган кийим-кечакларни кийишимиз зарур.

IV. Мустаҳкамлаш:

Қуйидаги саволлар орқали янги мавзуни мустаҳкамлаймиз;
1. Кийим-кечаклар деганда нимани тушунасиз?
2. Ишхонага бораётганимизда қандай кийинамиз?
3. Мактабга бораётганимизда қандай формада бўламиз.
4. Спортчилар қандай кийинишади?
5. Бараймда қандай кийинамиз?

V. Ўқувчиларни баҳолаш, рағбатлантириш ва дарсни якунлаш:

Ўқувчилар билан биргаликда "Топган топалоқ" ўйини орқали дарсни якунлаймиз.

VI. Уйга вазифа:

Гурух тарбиячиси ёрдамида кийим-кечаклар тўғрисида қисқа матн тузиб келиш.

27-дарс:Мавсумий кийимлар

Дарснинг мақсади:

А) таълимий: кўришида нуқсони бўлган ўқувчиларга мавсумий кийимлар ҳақида асосий билимларни бериш;

Б) тарбиявий: кўришида нуқсони бўлган ўқувчиларга табиатни севиш, она Ватанга бўлган муҳаббатини уйғотиш ва уларни ақлий меҳнатга сафарбар этиш.

Д) ривожлантирувчи: кўришида нуқсони бўлган ўқувчиларда мавсумий кийимлар ҳақидаги тасаввурларини уйғотиш улардаги ўқув мотивациясини ошириш.

Коррекцион мақсади:

Кўришида нуқсони бўлган ўқувчиларни кўриш қобилиятини сақлаган ҳолда улардаги сезги идрокини, хотира тасаввурини ва ўқув машғулотида тўғри ўтириш кўникмаларини шакллантиришдан иборат.

Компетенция: кўришида нуқсони бўлган ўқувчиларда мавзу бўйича қуйидаги билим, кўникма ва малакалари шаклланиши лозим;

а) мавсумий кийимлар ҳақида билиш;

б) мавсумий кийимларни фарқлай олиш;

д) мавсумий кийимлар ҳақида эркин гапира олиш;

Дарснинг тури: янги билим берувчи

Дарснинг услуби: суҳбат, тушунтириш

Дарснинг жиҳози: ўқув методик қўлланмалар, кийим кечак турларига оид видеолавҳа ҳамда тифлотехник воситалар.

Дарснинг бориши:

I. Ташкилий қисм:

- Саломлашиш, давоматни аниқлаш;
- Юртимизда бўлаётган янгиликлар билан қисқа таништириш

II. Ўтилган мавзуни сўраш ва мустаҳкамлаш.

Ўтилган мавзу кийим кечак турлари (иш, спорт, байрам ва кечки либослар). Савол-жавоб услуби ёрдамида амалга оширамиз. Ўқувчиларга кийим-кечак турлари мавзусига оид саволлар берилади.

1. Иш ва спорт кийимларига мисоллар келтиринг?
2. Байрам ва кечки либосларга мисоллар келтиринг?
3. Кийим кечакларга таъриф беринг?

III. Янги мавзу баёни: суҳбат, тушунтириш

Мавсумий кийимлар

Бугунги дарсимиз ўтган дарсимизнинг давоми сифатида мавсумий кйимлар тўғрисида суҳбат олиб борамиз. Қани ким айтади – мавсумий кийиниш деганда нимани тушунасиз .

Юртимизда йил давомида 4 фасл қиш, баҳаор, ёз ва куз фасллари кетма кет алмашиниб келади. Қиш фаслида иқлим совуқ бўлганлиги сабабли қалинроқ кийинишни тақозо этади. Қишки кийимларга турли хил қалин бош кийимлар, пальтолар, курткалар, шарф, қалин қўлқопларни айтишимиз мумкин.

Баҳорги ва кузги мавсумий кийимлар бир бирига ҳаво ҳарорати ўртача бўлганлиги учун ўрта кийинамиз.

Ёз фаслида ҳавонинг қизиб кетиши оқибатида ёзги кийимларимиз енгилроқ фаслга мос кийинамиз.

Дунёда давлатлар кўп ҳар бир миллат ўзига мос ва ўзига хос кийинади. Баъзи бир жойларда қишнинг узоқ давом этиши сабабли у ердаги одамлар қалинроқ кийинишга мажбур. Баъзи бир жойларда эса қиш бўлмайди. У ердаги аҳоли эса ўртача иқлимга мос кийимларни кияди. Мавсумий кийимларни кийишда нималарга эътибор берамиз.

1. Ҳаво ҳароратининг ўзгаришига: яъни, ҳавонинг совуб кетиши ёки ҳавонинг

исиб кетиши натижасида:

2. Фасллар алмашинуви: ҳар бир фаслда мавсумга мос мавсумий кийимлар киямиз.

Хулоса қилиб айтганимизда юртимизда тўрт фаслнинг борлиги сабабли мавсумий кийинишга ҳаракат қиламиз. Сизлар ҳам ҳар доим мавсумга қараб чиройли тоза ва озода ўзингизга ярашган кийимларни кийишга ҳаракат қилинг?

Энди сизлар билан мавсумий кийим кечаклар ҳақида видеолавҳа эшитамиз.

IV. Мустаҳкамлаш:

Қуйидаги саволлар орқали янги мавзуни мустаҳкамлаймиз;

1. Мавсумга қараб кийиниш деганда нимани тушунасиз?
2. Қиш фаслида қандай кийимлар киямиз?
3. Иссиқ ёз вақтида кийиладиган кийимларни айтинг?
4. Мактаб ўқувчилари қандай кийиниши керак?

V. Ўқувчиларни баҳолаш, рағбатлантиришва дарсни якунлаш:

VI. Уйга вазифа:

Гурух тарбиячиси ёрдамида ошхона анжомлари ҳақида қисқа матн тузиб келиш.

28-дарс:Кийимларни тасвирлаш (амалий машғулот).

Дарснинг мақсади:

А) таълимий: кўришида нуқсони бўлган ўқувчиларга кийимларни тасвирлашни ўргатиш ҳақида билим бериш;

Б) тарбиявий: кўришида нуқсони бўлган ўқувчиларга табиатни севиш, она Ватанга бўлган муҳаббатини уйғотиш ҳамда уларни ақлий меҳнатга сафарбар этиш.

Д) ривожлантирувчи: кўришида нуқсони бўлган ўқувчиларда кийимларни тасвирлаш ҳақида сезги, идрок ва тасаввурларини уйғотиш улардаги ўқув мотивациясини ошириш.

Коррекцион мақсади:

Кўришида нуқсони бўлган ўқувчиларни кўриш қобилиятини сақлаган ҳолда улардаги сезги идрокини, хотира тасаввурини ва ўқув машғулотида тўғри ўтириш кўникмаларини шакллантиришдан иборат.

Компетенция: кўришида нуқсони бўлган ўқувчиларда мавзу бўйича қуйидаги билим, кўникма ва малакалари шаклланиши лозим;

а) сезги ёрдамида кийимларни тасаввур қила олиш;

б) кийимларни тасвирлаш ;

д) кийимлар ҳақида эркин гапира олиш;

Дарснинг тури: янги билим берувчи

Дарснинг услуби: амалий машғулот

Дарснинг жиҳози: ўқув методик қўлланмалар, кийимларни кичрайтирилган расмлари ва кийимлар ҳақида видеолавҳа ҳамда тифлотехник воситалар.

Дарснинг бориши:

I. Ташкилий қисм:

- Саломлашиш, давоматнианиқлаш;
- Юртимизда бўлаётган янгиликлар билан қисқа таништириш

II. Ўтилган мавзуни сўраш ва мустаҳкамлаш.

Ўтилган мавзу мавсумий кийимлар маввзусини кичик гурухларда ишлаш методи "Тезкор савол жавоб" ўйини ёрдамида амалга оширамиз. Ҳар бир жамоага қуйидаги саволларни тақдим этамиз?

1. Кийим кечаклар турларини айтиб беринг?
2. Иш кийимларига нималар киради?
3. Спорт кийимларига нималар киради?
4. Мактаб ўқувчиларининг кийимлари қандай бўлади?
5. Мавсумий кийимлар деганда нималарни тушунасиз?
6. Мавсумий кийимларни айтиб беринг?

III. Янги мавзу баёни: амалий машғулот
Кийимлар тасвирлаш (амалий машғулот)

Бугунги дарсимизда ўтилган мавзуларни давоми сифатида кийимларни тасвирлаш амалий машғулот дарсимизни бошлаймиз. Ҳар бир гуруҳ қоғоз қўғирчоқларга рангли қоғозлардан кийимлар тайёрлашади. Ундан аввал ўйинчоқ кийимлардан намуналар кўрсатаман. Сиз қўл сезгиларингиз ёрдамида ўйинчоқ кийимларни тасаввур этишингиз керак. Олган тасаввурингизга кўра қўғирчоқларга либослар тайёрлашингиз мумкин.

Дарсимизни якунлар эканмиз кийим кечаклар инсон учун ниҳоятда муҳим восита саналади. Шундай экан, ҳар биримиз ҳамма вақт тоза озода ва ўзимизга ярашган кийимларни кийишимиз керак. Ўқувчилар ўқувчиларга мос кийимларни кийса, ўзига ярашади.

IV. Мустаҳкамлаш:

1. Кийим-кечаклар деганда нималарни тушунасиз?
2. Кийиниш маданияти деганда нимани тушунасиз?
3. Ўқувчи мактабда қандай кийиниши керак?
4. Сиз тасвирлаган кийимлар қандай фаслга мос?

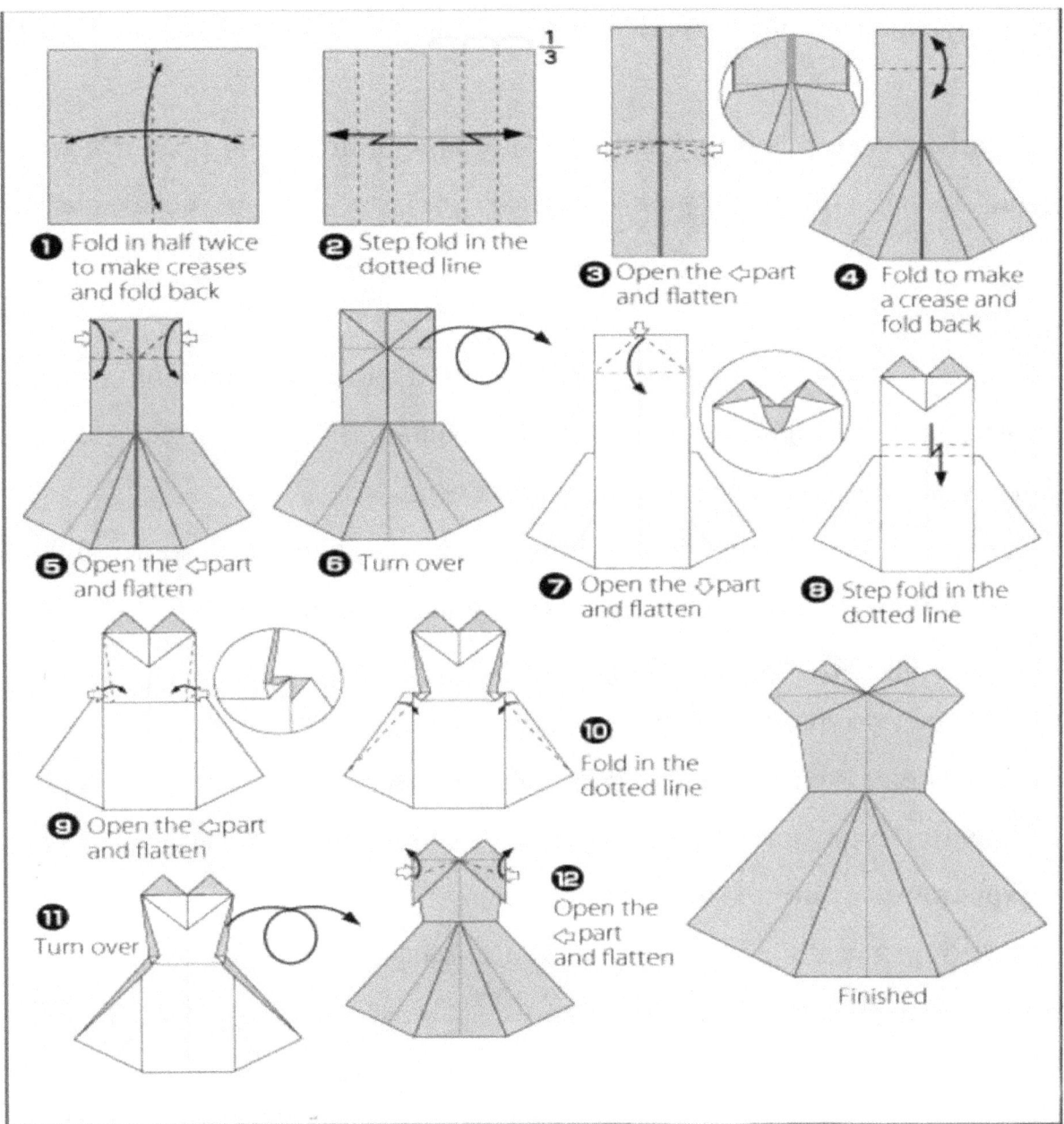

V. Ўқувчиларни баҳолаш, рағбатлантириш ва дарсни якунлаш:

VI. Уйга вазифа:

Гуруҳ тарбиячиси ёрдамида фасллар мос кийимларни тасвирлаш.

29-дарс:Оёк кийим турлари

Дарснинг мақсади:

А) таълимий: кўришида нуқсони бўлган ўқувчиларга оёқ кийим турлари ҳақида асосий билимларни бериш;

Б) тарбиявий: кўришида нуқсони бўлган ўқувчиларга табиатни севиш, она Ватанга бўлган муҳаббатини уйғотиш ва уларни ақлий меҳнатга сафарбар этиш.

Д) ривожлантирувчи: кўришида нуқсони бўлган ўқувчиларда оёқ кийим турлари ҳақида тасаввурларини уйғотиш улардаги ўқув мотивациясини ошириш.

Коррекцион мақсади:

Кўришида нуқсони бўлган ўқувчиларни кўриш қобилиятини сақлаган ҳолда улардаги сезги идрокини, хотира тасаввурини ва ўқув машғулотида тўғри ўтириш кўникмаларини шакллантиришдан иборат.

Компетенция: кўришида нуқсони бўлган ўқувчиларда мавзу бўйича қуйидаги билим, кўникма ва малакалари шаклланиши лозим;

а) оёқ кийим турлари ҳақида билиш;

б) оёқ кийим турларини фарқлай олиш;

д) оёқ кийим турлари ҳақида эркин гапира олиш;

Дарснинг тури: янги билим берувчи

Дарснинг услуби: суҳбат, тушунтириш

Дарснинг жиҳози: ўқув методик қўлланмалар, оёқ кийим турларига оид суратлар ҳамда тифлотехник воситалар.

Дарснинг бориши:

I. Ташкилий қисм:
- Саломлашиш, давоматни аниқлаш;
- Юртимизда бўлаётган янгиликлар билан қисқа таништириш

II. Ўтилган мавзуни сўраш ва мустаҳкамлаш.

Ўтилган мавзу амалий машғулот Кийим кечакларни тасвирлаш. Савол жавоб услуби ёрдамида амалга оширамиз. Ўқувчиларга кийим кечаклар ҳақида саволлар берилади.

1. Кийим-кечаклар қандай матолардан тайёрланади?
2. Спорт кийимларига нималар киради?
3. Мактаб ўқувчилари қандай кийинишлари керак?
4. Мавсумий кийим-кечаклар деганда нималарни тушунасиз?

III. Янги мавзу баёни: суҳбат, тушунтириш услуби

Оёқ кийим турлари

Азиз болажонлар! Сиз билан биз жуда кўплаб мавзуларда суҳбат олиб боряпмиз. Бугунги янги мавзумиз оёқ кийимлар ва уларнинг турлари ҳақида фикр алмашамиз. Қани айтингларчи оёқ кийимлар бизга нима учун керак?

Оёқ кийимлар инсон оёқларини ташқи муҳитдан асрайди, иссиқ ва совуқдан сақлайди, яхши ҳаракатланиши учун ёрдам беради. Тасаввур қилинг оёғингизда оёқ кийим йўқ, қандай юрасиз? Оёқ кийими йўқ инсон оёқларига турли хил нарсалар тегиши мумкин. Масалан: ёз фаслида уйингиз атрофида оёқ яланг юришга ҳаракат қилгансиз, бироқ, оёғингизга турли хил нарсалар кирмаслиги учун эҳтиёт бўлиб юришга интилгансиз.

Оёқ кийимлар юқорида айтганимиздек, инсонни яхши юриши, бирор бир манзилга етиб боришида ёрдам беради. Тарихдан бизга маълумки, оёқ кийимлар турли хил материаллардан ҳунармандлар томонидан тайёрланган. Сиз кийиб турган оёқ кийимлар қандай материаллардан тайёрланган ким айтади?

Оёқ кийимлар чарм, сунъий чарм, таг қисми эса, резина, пластмасса, ёғочлардан тайёрланган. Даставвал, оёқ кийимлар ҳунармандар томонидан қўлда тайёрланиб бозорларда сотилган. Ҳозирги кунга келиб эса оёқ кийимлар катта фабрикаларда махсус техникалар ёрдамида ишлаб чиқарилади.

Ҳар бир инсон оёқ кийимларни фаслларга қараб кийиши керак. Қани болажонлар қиш фаслида қандай оёқ кийимлар киямиз?

Қиш фаслида қалин ёпиқ узун этиклар, қишки ботинкалар, махси, ковуш кийилади. Баҳор ва кузда иқлимга мос енгилроқ туфлилар кийилади. Ёзда эса, ҳовонинг иссиқ бўлганлиги учун шиппак ва шунга ўхшаш оёқ кийимлар кийилади. Оёқ кийимларнинг ранги хилма хил бўлади.

Хулоса қилиб айтганимизда оёқ кийимлар инсон учун энг муҳим восита ҳисобланади. Шундай экан ҳар биримиз ўзимизга мос қулай оёқ кийимшимиз лозим.

IV. Мустаҳкамлаш:

"Ўрнини топ" ўйини орқали мавзуни мустаҳкамлаймиз.

Бу босқичда ўқувчилар оёқ кийимларни фаслларга мослаб жойлаштиришлари шарт. Ўқувчилар қўл сезгилари ёрдамида бажарадилар.

V. Ўқувчиларни баҳолаш, рағбатлантириш ва дарсни якунлаш:

Қуйидаги саволлар орқали ўқувчиларни баҳолаб дарсга якунлаймиз.

1. Оёқ кийимлар бизга нима учун керак?
2. Оёқ кийимларни кимлар тайёрлашган?
3. Оёқ кийимлар қандай материллардан тайёрланади?
4. Мавсумий оёқлар кийимлар деганда нималарни тушунасиз?

VI. Уйга вазифа:

Гурух тарбиячиси ёрдамида фаслларга мос оёқ кийимлар тўғрисида матн тузиб келиш?

30-дарс: Оёқ кийимлар тасвирлаш (амалий машғулот).

Дарснинг мақсади:

А) таълимий: кўришида нуқсони бўлган ўқувчиларга оёқ кийимларни тасвирлашни ўргатиш ҳақида билим бериш;

Б) тарбиявий: кўришида нуқсони бўлган ўқувчиларга табиатни севиш, она Ватанга бўлган муҳаббатини уйғотиш ҳамда уларни ақлий меҳнатга сафарбар этиш.

Д) ривожлантирувчи: кўришида нуқсони бўлган ўқувчиларда оёқ кийимларни тасвирлаш ҳақида сезги, идрок ва тасаввурларини уйғотиш улардаги ўқув мотивациясини ошириш.

Коррекцион мақсади:

Кўришида нуқсони бўлган ўқувчиларни кўриш қобилиятини сақлаган ҳолда улардаги сезги идрокини, хотира тасаввурини ва ўқув машғулотида тўғри ўтириш кўникмаларини шакллантиришдан иборат.

Компетенция: кўришида нуқсони бўлган ўқувчиларда мавзу бўйича қуйидаги билим, кўникма ва малакалари шаклланиши лозим;

а) сезги ёрдамида оёқ кийимларни тасаввур қила олиш;

б) оёқ кийимларни тасвирлаш ;

д) оёқ кийимлар ҳақида эркин гапира олиш;

Дарснинг тури: янги билим берувчи

Дарснинг услуби: амалий машғулот

Дарснинг жиҳози: ўқув методик қўлланмалар, оёқ кийимларни кичрайтирилган расмлари ва оёқ кийимлар ҳақида видеолавҳа ҳамда тифлотехник воситалар.

Дарснинг бориши:

I. Ташкилий қисм:

- Саломлашиш, давоматнианиқлаш;
- Юртимизда бўлаётган янгиликлар билан қисқа таништириш

II. Ўтилган мавзуни сўраш ва мустаҳкамлаш.

Ўтилган мавзуни "Баён этиш" услуби ёрдамида амалга оширамиз. Уйга вазифа оёқ кийимлар ҳақида матн тузиш. Ўқувчиларнинг ҳар бири оёқ кийим мавзусига оид матнларни баён этадилар. Ўтилган мавзу ўқитувчи томонидан умумлаштирилиб, мустаҳкамланади.

III. Янги мавзу баёни: амалий машғулот

Оёқ кийимлар тасвирлаш (амалий машғулот)

Бугунги дарсимизда ўтилган мавзуни давоми сифатида оёқ кийимларни тасвирлаш ҳақида амалий машғулот дарс уюштирамиз. Ҳозир сизларга эркаклар ва аёллар оёқ кийимларидан намуналар кўрсатаман. Сизлар қўл сезгиларингиз ёрдамида ушбу оёқ кийимларни фарқлашни уларнинг шаклини, тузилишини ҳақида қандай материаллардан бўлганлигини айтишларингиз керак.

Оёқ кийимларни тасаввур севгиларингиз ёрдамида тасвирлашга ҳаракат қилинг?

Бирор нима киритиш керак.

Ўқувчиларни 2 жамоа тенг бўлиб, биринчи жамоага эркаклар ботинкаси, иккинчи жамоага эса қизлар туфлиси расмини тасвирлашлари керак бўлади.

 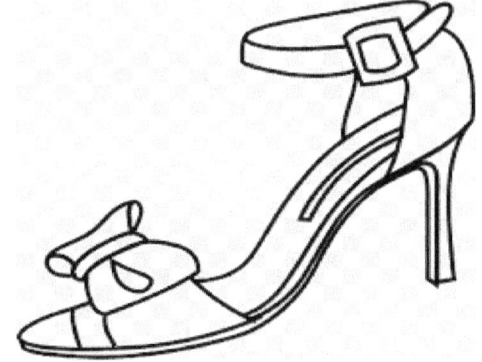

IV. Мустаҳкамлаш:

"Алифбо билағони" ўйини. Ўқувчилар берилган рақамларга ҳарфларни алифбо тартибида жойлаштириб, беркинган сўзларни топадилар. Бунда оёқ кийимлар номи келиб чиқади.

V. Ўқувчиларни баҳолаш, рағбатлантириш ва дарсни якунлаш:

1. Оёқ кийим турларини санаб беринг?
2. Байрам ва уйда қандай оёқ кийимлар кийилади?
3. Оёқ кийимларни қандай қилиб озода сақлашимиз мумкин?

Дарс хулосаланиб, фаол қатнашган ўқувчилар баҳоланади.

VI. Уйга вазифа:

Гурух тарбиячиси ёрдамида фасллар мос оёқ кийимларни тасвирлаш.

31-дарс: Асбоб-анжом турлари

Дарснинг мақсади:

А) таълимий: кўришида нуқсони бўлган ўқувчиларга асбоб-анжом турлари ҳақида асосий билимларни бериш;

Б) тарбиявий: кўришида нуқсони бўлган ўқувчиларга табиатни севиш, она Ватанга бўлган муҳаббатини уйғотиш ва уларни ақлий меҳнатга сафарбар этиш.

Д) ривожлантирувчи: кўришида нуқсони бўлган ўқувчиларда асбоб-анжом турлари ҳақида тасаввурларини уйғотиш улардаги ўқув мотивациясини ошириш.

Коррекцион мақсади:

Кўришида нуқсони бўлган ўқувчиларни кўриш қобилиятини сақлаган ҳолда улардаги сезги идрокини, хотира тасаввурини ва ўқув машғулотида тўғри ўтириш кўникмаларини шакллантиришдан иборат.

Компетенция: кўришида нуқсони бўлган ўқувчиларда мавзу бўйича қуйидаги билим, кўникма ва малакалари шаклланиши лозим;

а) асбоб-анжом турлари ҳақида билиш;

б) асбоб-анжом турларини фарқлай олиш;

д) асбоб-анжом турлари ҳақида эркин гапира олиш;

Дарснинг тури: янги билим берувчи

Дарснинг услуби: суҳбат, тушунтириш

Дарснинг жиҳози: ўқув методик қўлланмалар, асбоб-анжом турларига оид суратлар ҳамда тифлотехник воситалар.

Дарснинг бориши:

I. Ташкилий қисм:

- Саломлашиш, давоматни аниқлаш;
- Юртимизда бўлаётган янгиликлар билан қисқа таништириш

II. Ўтилган мавзуни сўраш ва мустаҳкамлаш.

Ўтилган мавзу амалий машғулот. Ўқувчилар тасвирлаб келган расмларини таърифлаб берадилар. Қуйидаги саволлар орқали мавзу мустаҳкамланади.

1. Оёк кийимлар ҳаётимизда қандай ўрин тутади?
2. Қиш ва ёз фаслида қандай оёк кийимлар кийилади?
3. Оёк кийимлар ҳозирги кунда қандай ишлаб чиқарилади?
4. Оёк кийимга таъриф беринг?

III. Янги мавзу баёни: суҳбат, тушунтириш услуби

Асбоб-анжом турлари

Азиз болажонлар! Бугун сизлар билан асбоб анжом турлари мавзусида қизиқарли дарсимизни бошлаймиз. Инсон бирор бир иш қилмоқчи бўлса, авваламбор унга асбоб анжомлар керак бўлади. Асбоб анжомлар ёрдамида керакли ишларни бажарамиз. Масалан: ерни чопиш учун бел, кетмон, текислаш учун эса хаскаш, теша керак бўлади. Асбоб анжомларнинг турлари қилмоқчи бўлган ишимизнинг мазмунига қараб фарқланади. Асбоб анжомларнинг қуйидаги турлари бор. диққат билан эшитинг?

1. Темир билан ишловчи асбоб анжомлар
2. Тахта билан ишловчи асбоб анжомлар
3. Деҳқончилик билан шуғулланувчи асбоб анжомлар

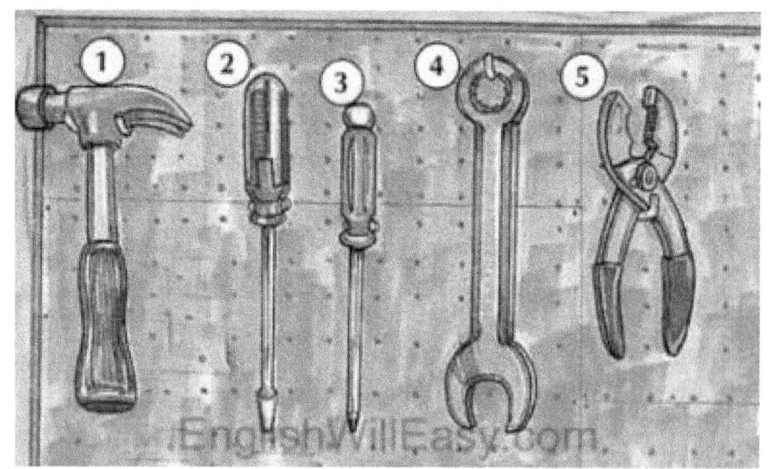

Бу асбоб анжомлар кишиларнинг меҳнатини анча осонлаштиришга ёрдам беради. Жумладан уйингизда отангиз ёки акангиз бирор бир иш қилмоқчи бўлса, албатта, асбоб анжомларни қўлига олиб ишни амалга оширади. Бу борада болға, арра, ранда, чархловчи асбоблар, диярли барча кишиларнинг уйларида бор. ҳозир сизларга болға асбобини кўрсатаман. Диққат билан эшитиб тушуниб олишга ҳаракат қилинг.

Ўзи жонсиз, ишга полвон. (кетмон)

Тушган ерини кесар (теша)

Болға орқали мих қоқишда ишлатилиб, унинг унинг ушлагич қисми яъни дастаси ёғочдан, бош қисми қуйма металдан тайёрланади.

Болта орқали эса бир тахтани ёки қуриган шохларни чопиб майдалашади ишлатилади. Мисол учун уйингизда ўтин тайёрлашда отангиз ёки акангиз ушбу асбобдан фойдаланади.

Хулоса қилиб айтганимизда асбоб анжомлар инсонларни меҳнатини унумдор бўлишига катта ёрдам беради. Асбоб анжомлардан эҳтиёткорона фойдаланишимиз, катталардан рухсатсиз ишлатмаслигимиз лозим.

IV. Мустаҳкамлаш:

Қуйидаги саволлар орқали янги мавзуни мустаҳкамлаймиз;

1. Асбоб анжомлар қандай турларга бўлинади?
2. Деҳқончилик иши учун қандай асбоблардан фойдаланамиз?
3. Болға ёрдамида қандай ишларни бажарамиз?
4. Болта ёрдамида қандай ишларни бажарамиз?

V. Ўқувчиларни баҳолаш, рағбатлантириш ва дарсни якунлаш:

1. *Сан урмасанг, у урмас (кетмон)*

2. *Ўзи жонсиз, ишга полвон (кетмон)*

3. *Келиб оғзини очар, тишлаб олиб қочар (омбор)*

VI. Уйга вазифа:

Гуруҳ тарбиячиси ёрдамида мавзуни ўқиб ўрганиб келиш.

32-дарс:Метал ва тахта билан ишлашга мўлжалланган асбоблар

Дарснинг мақсади:

А) таълимий: кўришида нуқсони бўлган ўкувчиларга метал ва тахта билан ишлашга мўлжалланган асбоблар ҳақида асосий билимларни бериш;

Б) тарбиявий: кўришида нуқсони бўлган ўқувчиларга табиатни севиш, она Ватанга бўлган муҳаббатини уйғотиш ва уларни ақлий меҳнатга сафарбар этиш.

Д) ривожлантирувчи: кўришида нуқсони бўлган ўқувчиларда метал ва тахта билан ишлашга мўлжалланган асбоблар ҳақидаги тасаввурларини уйғотиш улардаги ўкув мотивациясини ошириш.

Коррекцион мақсади:

Кўришида нуқсони бўлган ўқувчиларни кўриш қобилиятини сақлаган ҳолда улардаги сезги идрокини, хотира тасаввурини ва ўкув машғулотида тўғри ўтириш кўникмаларини шакллантиришдан иборат.

Компетенция: кўришида нуқсони бўлган ўкувчиларда мавзу бўйича қуйидаги билим, кўникма ва малакалари шаклланиши лозим;

а) метал ва тахта билан ишлашга мўлжалланган асбоблар ҳақида билиш;

б) метал ва тахта билан ишлашга мўлжалланган асбобларни фарқлай олиш;

д) метал ва тахта билан ишлашга мўлжалланган асбоблар ҳақида эркин гапира олиш;

Дарснинг тури: янги билим берувчи

Дарснинг услуби: суҳбат, тушунтириш

Дарснинг жиҳози: ўкув методик қўлланмалар, метал ва тахта билан ишлашга мўлжалланган асбобларга оид видеолавҳа ҳамда тифлотехник воситалар.

Дарснинг бориши:

I. Ташкилий қисм:

- Саломлашиш, давоматни аниқлаш;
- Ўқувчилар билан биргаликда давлат мадҳиясини ижро этиш.
- Юртимизда бўлаётган янгиликлар билан қисқа таништириш

II. Ўтилган мавзуни сўраш ва мустаҳкамлаш.

Ўтилган мавзу асбоб анжом турлари. Савол-жавоб услуби ёрдамида амалга оширамиз. Ўқувчиларга асбоб-анжомлар турлари мавзусига оид саволлар берилади.

1. Қандай асбоб анжом турларини биласиз?
2. Тахталарни кесишда қандай асбоблардан фойдаланамиз?

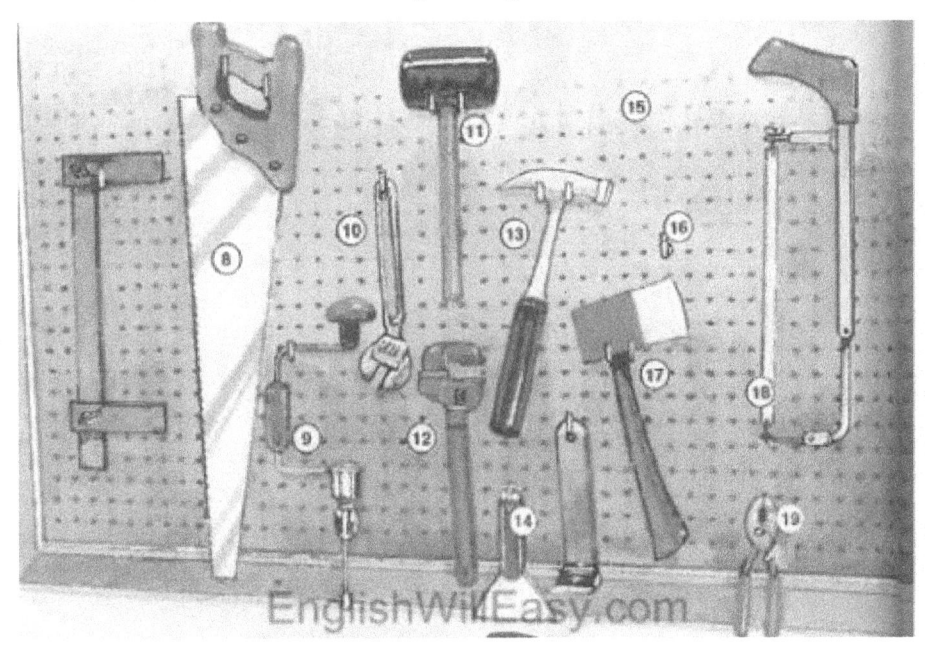

III. Янги мавзу баёни: суҳбат, тушунтириш

Метал ва тахта билан ишлашга мўлжалланган асбоблар

Азиз ўқувчилар ўтган дарсимиздан сиз билан биз асбоб анжомлар ҳақида гаплашган эдик. Бугун ўтган мавзумизни давоми сифатида метал ва тахта билан ишлашга мўлжалланган асбоблар тўғрисида суҳбат олиб борамиз.

Ўтган дарсимизда таъкидлаб ўтганимиздек, асбоб анжомлар инсон меҳнатини ниҳоятда енги ва самарали бўлишида амалий ёрдам беради. Тахта билан ишлайдиган асбоб анжомларни баъзи бирлари ҳақида ўтган дарсимизда қисман баён этиб ўтдик. Тахта билан ишлайдиган асбобларга турли хил тахта кесувчи ускуналар, қўл ва электр токи билан ишлайдиган арралар, ранда болға болта, гуния, теша, искана, пармаловчи воситалар ва бошқаларни мисол келтиришимиз мумкин.

Метал билаш ишлашга мўлжалланган асбобларга, темир арра, темир қайчи, омбур, гуния каби асбобларни айтишимиз мумкин.

Энди сизларга мавзуга мос топишмоқлар айтаман.

Оғзи йўқ, тиши кўп. (арра)

Келиб оғзини очар, тишлаб олиб қочар (омбур)

Тахта билан ишлайдиган асбоблардан арра ҳақида тўхталиб ўтамиз.

Арра –ёғоч, метал, тош, суяк, шох ва бошқа нарсаларни кесиш ва қирқиш учун ишлатиладиган қирра тишли асбоб. Арралар бир киши ва икки киши ишлатиладиган арраларга бўлинади.

Метал билан ишлайдиган асбоблардан бири сизга таниш бўлган темир қайчи тўғрисида тўхталиб ўтамиз.

Темир қайчи турли металларни кесиш учун ишлатиладиган асбоб. Дастлабки қайчилар бир бирига эгилувчан ёйсимон метал билан бириктирилган икки пичоқдан иборат бўлган. Ҳозирги кунда қайчиларининг турли хил кўринишлари бор.

Хулоса қилиб айтганимизда бизлар учун керакли бўлган асбоб анжомлардан ўринли фойдаланиш керак. Фойдаланиш чоғида эҳтиёткорона бўлишликни тақозо этади. Аксинча, эҳтиёт бўлмасак ўзимизга зарар етиши мумкин. Шундай экан, асбоб анжомлардан тўғри фойдаланишимиз эҳтиёт бўлишимиз шарт.

IV. Мустаҳкамлаш:

Қуйидаги саволлар орқали янги мавзуни мустаҳкамлаймиз;

1. Тахта билан ишлайдиган асбобларга нималар киради?
2. Метал билан ишлайдиган асбобларга нималар киради.
3. Асбоб анжомлардан қандай фойдаланишимиз керак?

V. Ўқувчиларни баҳолаш, рағбатлантириш ва дарсни якунлаш:

VI. Уйга вазифа:

Гурух тарбиячиси ёрдамида метал ва тахта билан ишлайдиган асбоблар тўғрисида (арра ва омбур) ҳақида қисқа матн тузиб келиш.

33-дарс: Асбоб анжомлар билан танишиш

(амалий машғулот мактаб меҳнат хонасига саёҳат).

Дарснинг мақсади:

А) таълимий: кўришида нуқсони бўлган ўқувчиларга асбоб анжомларни тасвирлашни ўргатиш ҳақида билим бериш;

Б) тарбиявий: кўришида нуқсони бўлган ўқувчиларга табиатни севиш, она Ватанга бўлган муҳаббатини уйғотиш ҳамда уларни ақлий меҳнатга сафарбар этиш.

Д) ривожлантирувчи: кўришида нуқсони бўлган ўқувчиларда асбоб анжомларни тасвирлаш ҳақида сезги, идрок ва тасаввурларини уйғотиш улардаги ўқув мотивациясини ошириш.

Коррекцион мақсади:

Кўришида нуқсони бўлган ўқувчиларни кўриш қобилиятини сақлаган ҳолда улардаги сезги идрокини, хотира тасаввурини ва ўқув машғулотида тўғри ўтириш кўникмаларини шакллантиришдан иборат.

Компетенция: кўришида нуқсони бўлган ўқувчиларда мавзу бўйича қуйидаги билим, кўникма ва малакалари шаклланиши лозим;

а) метал ва тахта билан ишлашга мўлжалланган асбоблар ҳақида билиш;

б) метал ва тахта билан ишлашга мўлжалланган асбобларни фарқлай олиш;

д) метал ва тахта билан ишлашга мўлжалланган асбоблар ҳақида эркин гапира олиш;

Дарснинг тури: янги билим берувчи

Дарснинг услуби: амалий машғулот

Дарснинг жиҳози: ўқув методик қўлланмалар, кийимларни кичрайтирилган расмлари ва кийимлар ҳақида видеолавҳа ҳамда тифлотехник воситалар.

Дарснинг бориши:

I. Ташкилий қисм:

- Саломлашиш, давоматнианиқлаш;
- Юртимизда бўлаётган янгиликлар билан қисқа таништириш

II. Ўтилган мавзуни сўраш ва мустаҳкамлаш.

Ўтилган мавзу метал ва тахта билан ишлашга мўлжалланган асбоблар ҳақида. Ўтилган мавзуни гуруҳларда ишлаш методи "Тезкор савол жавоб" ўйини ёрдамида амалга оширамиз. Ҳар бир жамоага қуйидаги саволларни тақдим этамиз?

1. Асбоб анжомларга нималар киради?
2. Асбоб анжомларни турларини санаб беринг?
3. Деҳқончилик асбобларига нималар киради?
4. Метал билан ишлайдиган асбобларга нималар киради?
5. Тахта билан ишлайдиган асбобларга нималар киради?

III. Янги мавзу баёни: амалий машғулот

Асбоб анжомлар билан танишув (амалий машғулот)

Бугунги дарсимизда ўтилган мавзуларни давоми сифатида асбоб анжомлар билан таниш мақсадида мактабимиз меҳнат хонасига саёҳат уюштирамиз. Саёҳат чоғида ўқитувчи томонидан кўрсатилаётган ва фақат кўришга рухсат берилган асбоб анжомлардан қўл сезгилари ёрдамида танишиб чиқамиз.

Ушбу асбоб анжомларни танишишда диққат ва эътибор билан эшитишингизни илтимос қиламан.

Азиз болажонларим мана сизлар билан асбоб анжомлар тўғрисидаги мавзуларимизни якунладик. Мактбимиз меҳнат хонасидаги асбоб анжомларни эҳтиёт қилишимиз, ушбу асбоб анжомлардан тўғри фойдаланиш кераклигини билиб олдингиз.

IV. Мустаҳкамлаш:

1. Мактаб меҳнат хонасида қандай асбобларни кўрдингиз?
2. Қайси абоб анжомлар билан танишдингиз?
3. Мактаб меҳнат хонасидаги асбоб анжомларни қандай асрашимиз мумкин?

V. Ўқувчиларни баҳолаш, рағбатлантириш ва дарсни якунлаш:

VI. Уйга вазифа:

Гуруҳ тарбиячиси ёрдамида асбоб анжомлардан болға, болта ҳамда арра тасвирларини чизиб келиш.

34-дарс:Назорат иши (қоғоз орқали турли хил шаклларни чизиш, буяш, қирқиш 2 соат)

Дарснинг мақсади:

А) таълимий: кўришида нуқсони бўлган ўқувчиларга қоғоз орқали турли хил шаклларни чизиш, буяш ва қирқиш ҳақида асосий билимларни бериш;

Б) тарбиявий: кўришида нуқсони бўлган ўқувчиларга табиатни севиш, она Ватанга бўлган муҳаббатини уйғотиш ва уларни ақлий меҳнатга сафарбар этиш.

Д) ривожлантирувчи: кўришида нуқсони бўлган ўқувчиларда турли хил шакллар ҳақида тасаввурларини уйғотиш улардаги ўқув мотивациясини ошириш.

Коррекцион мақсади:

Кўришида нуқсони бўлган ўқувчиларни кўриш қобилиятини сақлаган ҳолда улардаги сезги идрокини, хотира тасаввурини ва ўқув машғулотида тўғри ўтириш кўникмаларини шакллантиришдан иборат.

Компетенция: кўришида нуқсони бўлган ўқувчиларда мавзу бўйича қуйидаги билим, кўникма ва малакалари шаклланиши лозим;

а) қоғоз орқали турли хил шаклларни чизиш, буяш ва қирқиш ҳақида билиш;

б) қоғоз орқали турли хил шаклларни чизиш, буяш ва қирқишнифарқлай олиш;

д)қоғоз орқали турли хил шаклларни чизиш, буяш ва қирқиш ҳақида эркин гапира олиш;

Дарснинг тури: янги билим берувчи

Дарснинг услуби: суҳбат, тушунтириш

Дарснинг жиҳози: ўқув методик қўлланмалар, рангли қоғозлар, рангли қаламлар, қайчи ҳамда тифлотехник воситалар.

Дарснинг бориши:
I. Ташкилий қисм:

- Саломлашиш, давоматни аниқлаш;
- Юртимизда бўлаётган янгиликлар билан қисқа таништириш

II. Ўтилган мавзуни сўраш ва мустаҳкамлаш.

Ўтилган мавзу амалий машғулот. Ўқувчилар тасвирлаб келган расмларини таърифлаб берадилар. Ўқувчилар 2 гуруҳга бўлинган ҳолда қуйидаги саволлар орқали мавзу мустаҳкамланади.

1. Меҳнат хонасида кўрган асбобларингиз ҳақида сўзлаб беринг?
2. Асбоб анжомлар инсонлар ҳаётида қандай ўрин тутади?
3. Деҳқончиликда қадай асбоблар ишлатилади?
4. Ўзи жонсиз ишга полвон? (кетмон)
5. Тушган ерини кесар? (теша)
6. Тушган ерини узар? (омбур)
7. Ғит-ғит дейди, ишлайди, ерга кукун ташлайди? (арра)
8. Металим матти, қулоғи қатти. Қулоғига қаттиқ тепдим, ялпайиб ётди? (бел)

III. Янги мавзу баёни: назорат иши

Қоғоз орқали турли хил шаклларни чизиш, буяш, қирқиш.

Сиз билан биз йил давомида турли хил мавзуларда суҳбат олиб бордик. Бугунги дарсимизда қоғоз орқали турли хил шаклларни чизиш, бўяш ва қирқиш амалий дарсимизни бошлаймиз. Ҳозир сизларга тўртбурчак, учбурчак, ва доира шаклларидан намуналар кўрсатаман. Ҳар бир ўқувчи ушбу шаклларни қўл сезгилари ёрдамида ушлаб тасаввур этиб шу тасаввури орқали мустақил шакл тасвирлаши лозим.

Ҳар хил геометрик шакллар тақдим этилади.

Хулоса қилиб айтганимизда сиз томонингиздан бўялган ва қирқилган шаклларни эслаб қолишга ҳаракат қилинг. Ушбу шакллар ҳаётимизда кўп учрайди. Келгусида қоғоз орқали турли хил нарсаларни чизиш ясаш қирқишни амалга оширишимиз мумкин.

IV. Мустаҳкамлаш:

1. Тўғри тўртбурчакни тасвирлаб беринг?
2. Учбурчакни тасвирлаб беринг?
3. Доира шакличи?

V. Ўқувчиларни баҳолаш, рағбатлантириш ва дарсни якунлаш:

VI. Уйга вазифа:

Такрорлаш.

Фойдаланилган адабиётлар

1. "Ватан туйғуси" умумий ўрта таълим мактабларининг 5 синфлари учун ўқув қўлланма.. Тошкент "Маънавият" 2015 Б-97
2. "Ғунча" 2019 йил 4 сони Б-11
3. Мен дунёни англайман 2 китоб/ Е.Белятская, А.Тихонов ва бошқа.: Т.: "Давр нашриёти" МЧЖ 2014.Б-53
4. "Гулли ўсимликлар" Б-16
5. Мен дунёни англайман 2 китоб/ Е.Белятская, А.Тихонов ва бошқа.: Т.: "Давр нашриёти" МЧЖ 2014. Б-69
6. Атрофимиздаги олам 1-синф. Н.Мамадинова, М.Аҳмедова. "Ўқитувчи" –Тошкент – 2019 й. 36 б.
7. Ўзбек халқ топишмоқлари З.Ҳусаинова. Тошкент: Чўлпон номидаги ММИУ. 2014.: 74 б
8. Табиатшунослик 3 синф –А.Бахромов, Ш.Шарипов, М.Набиева: Т.: -2019 й. Б 98
9. Атрофимиздаги олам 2 синф. П.Ғуломов, Ш.Мирзахматова. Т.: 2018. Б.75
10. Болалар учун жониворлар ҳақида энцеклопедия:\А.В.Тихонов, А.Н.Сичкар ва бошқа.- Т.: Чўлпон номидаги НМИУ 2014. - 29
11. Ватан туйғуси 5 синф.Х.султонов, М.Қаршибоев. Т.: "Маънавият" 2015. Б 22
12. UzAA.uz

Мундарижа

Сўз боши..4
Ўқитувчига тавсиялар..5
1-дарс: Давлат рамзлари. Байроқ. Герб...9
2-дарс: Ўсимликлар дунёси 15
3-дарс: Манзарали дарахтлар...20
4-дарс: Мевали дарахтлар..25
5-дарс: Бутали ўсимликлар..29
6-дарс: Бутали ўсимликларнинг шохлари ва баргларининг тузилиши.................. 33
7-дарс: Бутали ўсимликлар. Амалий машғулот... 37
8-дарс: Гуллар ва уларнинг турлари 40
9-дарс: Гулларнинг ривожланиши ва уларнинг фойдали жиҳатлари.....................43
10-дарс: Гулларни тасвирлаш амалий дарс...47
11-дарс: Ҳайвонлар ва уларнинг турлари 51
12-дарс: Ёввойи ва уй ҳайвонлари..56
13-дарс: Ҳайвонларни тасвирлаш 60
14-дарс: Қушлар ва уларнинг турлари 64
15-дарс: Қушларни тасвирлаш (амалий машғулот)..68
16-дарс: Балиқлар ва уларнинг турлари 71
17-дарс: Балиқларни тасвирлаш (амалий машғулот)..75
18-дарс: Ҳашаротлар ва уларнинг турлари...78
19-дарс: Ҳашаротларни тасвирлаш (амалий машғулот).......................................82
20-дарс: Мактаб ва офис мебеллари..85
21-дарс: Ошхона жиҳозлари ва меҳмонхона мебеллари 89
22-дарс: Мебелларни тасвирлаш (амалий машғулот). 93
23-дарс: Идиш-товоқ турлари..97
24-дарс: Ошхона анжомлари 100
25-дарс: Ошхона анжомларини тасвирлаш (амалий машғулот).........................104
26-дарс: Кийим-кечак турлари (иш, спорт, байрам ва кечки либослар)..............107
27-дарс: Мавсумий кийимлар...111
28-дарс: Кийимларни тасвирлаш (амалий машғулот)...115
29-дарс: Оёқ кийим турлари 118
30-дарс: Оёқ кийимлар тасвирлаш (амалий машғулот)......................................122
31-дарс: Асбоб-анжом турлари..125
32-дарс: Метал ва тахта билан ишлашга мўлжалланган асбоблар......................130
33-дарс: Асбоб анжомлар билан танишиш 134
34-дарс: Назорат иши (қоғоз орқали турли хил шаклларни чизиш, буяш, ….) 137
Фойдаланилган адабиётлар...140

www.ingramcontent.com/pod-product-compliance
Lightning Source LLC
LaVergne TN
LVHW080354070526
838199LV00059B/3806